9

LETTRES

DE

L'INTENDANT BIGOT

AU

CHEVALIER DE LÉVIS

Publiées sous la direction de l'abbé H.-R. CASGRAIN

D. ÈS L., PROFESSEUR A L'UNIVERSITÉ LAVAL, ETC.

QUÉBEC
IMPRIMERIE DE L.-J. DEMERS & FRÈRE
30, rue de la Fabrique, 30

1895

COLLECTION

DES MANUSCRITS

DU

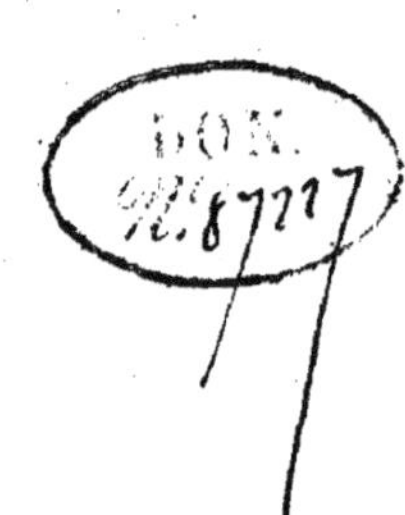

MARÉCHAL DE LÉVIS

COLLECTION DES MANUSCRITS

DU

MARÉCHAL DE LÉVIS

Volumes déjà publiés :

1° Journal du chevalier de Lévis.

2° Lettres du chevalier de Lévis.

3° Lettres de la cour de Versailles.

4° Pièces militaires.

5° Lettres de M. de Bourlamaque.

6° Lettres du marquis de Montcalm.

7° Journal du marquis de Montcalm.

8° Lettres du marquis de Vaudreuil.

LETTRES

DE

L'INTENDANT BIGOT

AU

CHEVALIER DE LÉVIS

LETTRES

DE

L'INTENDANT BIGOT

AU

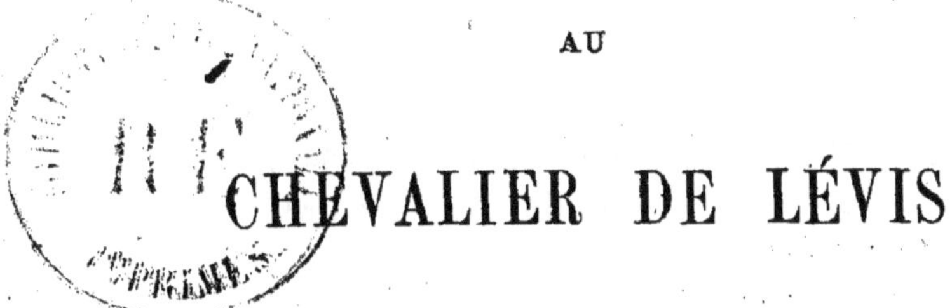

CHEVALIER DE LÉVIS

Publiées sous la direction de l'abbé H.-R. CASGRAIN

D. ÈS L., PROFESSEUR A L'UNIVERSITÉ LAVAL, ETC.

QUÉBEC
IMPRIMERIE DE L.-J. DEMERS & FRÈRE
30, rue de la Fabrique, 30

1895

LETTRES

DE

L'INTENDANT BIGOT

AU

CHEVALIER DE LÉVIS

I

Montréal, 20 juillet 1756.

J'ai l'honneur de vous renvoyer l'état que M. de Montcalm m'a remis, répondu à chaque article.

Je fais tout ce qui dépend de moi pour vous faire passer promptement vos besoins. Si j'avois pu m'absenter plus tôt de Québec, les envois ne seroient pas si retardés. Je les presserai tant que je pourrai pendant le peu de temps que je dois rester ici, et je compte que vous serez approvisionné avant mon départ.

Il vous passe six cents hommes de recrues au moins. Elles sont en route, habillées et armées, à la réserve de cent cinquante qui sont passées depuis peu et qui ne sont qu'équipées et armées.

Monsieur le général doit vous envoyer encore sous peu de jours quatre cents Canadiens qu'il m'a dit devoir lever, et je l'en ferai ressouvenir. On m'avoit assuré que le hangar qui devoit servir de magasin alloit être fini, et en conséquence je vous avois proposé de supprimer les va-et-vient du fort Saint-Frédéric, en faisant aller en droiture M. de Bleury à Carillon. Mais le sieur Laforce écrit qu'il ne peut y rien mettre, que les vivres restent à l'injure de l'air et qu'il s'en trouve beaucoup de gâtés. Cela ne peut être autrement, s'ils restent quelque temps exposés à la pluie ou au soleil.

Je vous demande en grâce de faire accélérer la perfection du hangar. Vous savez que les vivres sont la pierre fondamentale de toutes les opérations. M. de Lotbinière occupé d'autres ouvrages pourroit négliger celui-là, si vous ne vous y intéressiez pas.

Je vous prie avec toute l'instance possible de vous adresser à moi, non seulement pour ce qui concerne la partie du service dont je suis chargé, mais même pour ce qui peut regarder vos petits besoins particuliers. Je serois bien charmé de trouver occasion à pouvoir mériter l'honneur de votre amitié. Personne ne le désire plus ardemment que moi et n'a l'honneur d'être avec un plus sincère et parfait attachement, etc.

II

Montréal, 26 juillet 1756.

Je viens de faire une tournée à la rivière Chambly et à Saint-Jean pour faire accélérer les transports ; et au moyen de quelques arrangements que j'ai faits et d'un chemin que je fais raccommoder et qui étoit impraticable, je compte que nos transports iront bon train. Les entrepôts sont pleins.

M. de Bleury continuera d'aller en droiture à Carillon. Je voudrois bien que rien ne vous manquât, autant que le pays peut le permettre.

J'ai marqué ce matin au sieur Almain de faire tenir un compte, par le garde-magasin, des vivres que le soldat ne prendroit pas et d'en compter tous les mois avec le major de chaque corps. Il en sera de même pour les officiers. Cet arrangement peut être susceptible de quantité d'abus ; mais il subsistera pour cette année.

Je vous suis bien obligé des nouvelles que vous avez la bonté de me marquer. Il est de la dernière conséquence, comme vous l'observez, de mettre la navigation en sûreté. Je crois néanmoins que les Anglois ne pourront jamais prendre sur le lac Champlain que quelques bateaux qui se trouvent seuls, parce qu'ils ne pourront y en avoir une certaine quantité, et point du tout si on fouille les rivières. Si l'entreprise eût été faite plus tôt, elle étoit sûre ; présentement, c'est pair ou non.

Elle réussira encore si on n'a pas renforci *(sic)* considérablement. Nous le saurons sous douze jours, et peut-être plus tôt. Je compte M. de Montcalm rendu demain. Je ne verrai M. de Vaudreuil que demain. Je n'ai que le temps de vous écrire, M. de Bleury voulant repartir sur-le-champ.

Nous venons d'apprendre par un bateau qu'on nous a envoyé de Louisbourg que les Anglois y avoient une escadre croisant sur Scatari. Elle est composée de deux vaisseaux de 60, deux de 40 ou 50 et de deux senaux. M. Boissier a ramené avec lui ce bateau, et il est informé de leurs forces. Cette escadre ne l'empêchera pas d'entrer à Louisbourg.

Aussitôt que je saurai la réussite de l'entreprise, je retournerai à Québec, où mon absence retarde toutes les affaires d'En-Bas.

Je suis persuadé que M. de Vaudreuil trouvera toujours au mieux vos dispositions ; je vous le ferai savoir.

III

Montréal, 29 juillet 1756.

M. de Vaudreuil me fit voir avant-hier les dispositions que vous avez faites de vos troupes en cas de combat. Il les a fort approuvées ; j'en étois d'avance bien persuadé.

M. d'Hert me mande du fort Saint-Frédéric que vous l'y avez envoyé pour faire faire du pain, les fours de Carillon ayant été brûlés.

Cet officier m'observe que l'hôpital manqué de rafraîchissements et de toile pour paillasse et de plusieurs ustensiles comme pots à eau, bassins, etc. Je vous envoie l'état des toiles et rafraîchissements qui ont déjà passés dans ce poste pour l'hôpital. A la vérité, il y en a quelque petite partie encore en chemin. Je ne sais à quoi toutes ces toiles ont été employées. Je fais chercher dans la ville le plus d'ustensiles qu'il sera possible, et je vais les faire passer à Saint-Jean. Ci-joint est un état d'ustensiles que l'on vient de trouver et que j'envoie pour l'hôpital de Saint-Frédéric. Il est bon que vous en soyez informé, parce qu'on aura plus soin du tout lorsqu'on saura que vous en avez connoissance. J'ai besoin de prendre toutes sortes de précautions pour maintenir l'ordre dans les consommations, parce que le pays ne permet pas de faire certains arrangements qui conviendroient. Je fais ce que je peux pour faire face à vos besoins ; je ne peux y réussir comme je le voudrois ; le pays ne fournit pas assez.

IV

Montréal, le 7 août 1756.

Je fais passer quantité de mélasse à Carillon pour qu'on puisse en donner aux troupes en place d'eau-de-vie, lorsque vous le jugerez à propos ; et je recommande d'avoir attention dans ce cas à supprimer l'eau-de-vie.

Je pense que deux pots de mélasse par mois à chaque homme suffisent. On pourroit ne leur en donner que pour huit jours à la fois et la distribuer par plat. Si elle manquoit, on auroit recours à l'eau-de-vie.

V

Montréal, le 7 août 1756.

J'ai reçu les deux lettres dont vous m'avez honoré le 2 et 3 du courant.

J'ai fait passer tout ce que j'ai pu pour l'hôpital de Saint-Frédéric, et il doit à présent y avoir du riz, vinaigre, mélasse, sucre, prunes, qu'on demandoit à force, ainsi que quelques ustensiles et toile pour draps. La barque a pris trente-neuf quarts d'eau-de-vie.

Vous devez avoir reçu aussi un chirurgien qui est celui que vous souhaitez; il emporte des remèdes. M. Doreil l'a fait partir le plus tôt qu'il a été possible; mais c'est le commandant du détachement où est ce chirurgien qui n'a pas fait grande diligence. Il n'a pu sans doute mieux faire. M. Doreil est sous mes ordres; il n'a pas besoin que je le réveille, me paroissant très zélé et attentif pour ses fonctions.

M. le général ne trouvera pas mauvais que vous renvoyiez les miliciens qui ne pourront se rétablir suivant les apparences, au rapport des chirurgiens. Votre monde va encore augmenter, puisque MM. de Langy, Charly, Thiballier et Bailleul, tous quatre commandant des détachements, n'étoient pas encore arrivés à votre camp.

Je vous suis sensiblement obligé des détails que vous voulez bien me faire du succès de vos différents détachements. Je souhaite fort que celui que vous allez commander pour le fort Georges puisse vous procurer quelques centaines de prisonniers. M. de Vaudreuil m'a fait lire vos deux lettres ; il prétend que vous auriez pu, sur ce qu'il vous avoit écrit, faire tel détachement que vous auriez voulu et marcher vous-même. Il vous écrit plus positivement. Il voudroit que vous puissiez engager la garnison du fort Georges à sortir sur une centaine d'hommes que vous feriez voir, et la couper au moyen de votre détachement que vous auriez mis en embuscade. Le malheur arrivé au fils de M. de Contrecœur est bien affligeant pour un père.

Je ne partirai point pour Québec que je ne voie votre subsistance assurée dans les entrepôts.

Je vous fais bien des remerciements de l'état de charge que vous avez eu la bonté de m'adresser des bateaux de M. de Bleury et de l'état du nombre de votre armée. Je l'ai remis à M. de Vaudreuil.

M. de Montcalm devoit partir hier avec l'armée de Frontenac, pour joindre au sud, vis-à-vis l'Ile-aux-Galops, M. de Rigaud qui a la Sarre et sept cents Canadiens. M. Des Combles, ingénieur, étoit de retour à Frontenac de Chouaguen depuis plusieurs jours. Il avoit visité les dehors par deux fois, et il en dressa le plan d'attaque, que je vous envoie et que je vous prie de me renvoyer, parce que je n'ai que celui-là. Il ne convient pas, je pense, de le rendre public. Cela me feroit pas peut-être plaisir à M. de Montcalm. Il pourra d'ailleurs ne pas suivre ce plan, d'autant mieux qu'un officier anglois qui est prisonnier chez les sauvages et qui voudroit nous toucher en sa faveur en a donné un autre. Je le remis à M. de Vaudreuil qui l'a adressé à M. de Montcalm. Aussitôt que nous aurons des nouvelles, je vous les ferai savoir.

Il est très sûr que le 25 juillet, jour auquel l'ingénieur étoit devant la place et que trois déserteurs en sortirent, il n'y avoit que mille hommes de garnison en milice, qui ne demandoient qu'une occasion de nous joindre ; mais les Anglois avoient deux bons régiments à portée de donner du secours, lesquels, joints aux bateliers qui devoient les descendre, feroient un furieux renfort, et je doute qu'ils n'aient pas été avertis par les sauvages des Cinq-Nations, qui se sont malheureusement trouvés en chemin pour venir ici, moitié par Niagara et l'autre en droiture pour Montréal, où ils sont. Il est sûr qu'étant informés de notre marche, ils auront dépêché les meilleures jambes pour informer l'ennemi. En ce cas, nous en tirerons l'avantage d'avoir fait diversion.

Nous gardons les Cinq-Nations jusqu'à la semaine prochaine.

Honorez-moi, je vous prie, de la continuation de votre amitié. Soyez bien convaincu de ma reconnoissance et du sincère attachement avec lequel j'ai l'honneur d'être, etc.

VI

Montréal, 10 août 1756.

J'ai reçu la lettre dont vous m'avez honoré le 5. Je suis bien persuadé de toute votre attention à faire exécuter vos ordres sur les consommations. Le dernier voyage de M. de Bleury vous aura procuré de bons articles, et, pour peu que vous soyez approvisionné, le va-et-vient de Saint-Jean à Carillon vous fournira suffisamment.

M. Perthuis, qui parle bon anglois, a interrogé les prisonniers de M. de Beaujeu. Il paroît toujours, suivant les dépositions, que les Anglois en veulent à la Pointe ; mais cela n'est pas décidé pour cette année. A savoir si le comte Loudon trouvera tout assez préparé pour faire cette entreprise. Un de ces prisonniers, et qui paroît dire la vérité, prétend qu'il n'y sera employé que sept à huit cents hommes, et que, si on ne fait pas cette opération cette année, on fera un fort à l'endroit où M. de Dieskau laissa les bateaux l'année dernière, à la faveur de l'armée qui en protégera la bâtisse. Pour moi, j'ai peine à croire que le comte Loudon, qui est sans doute un homme de guerre, reste oisif le reste de la campagne, surtout s'ils perdent Chouaguen, comme il y a apparence.

M. de Vaudreuil est dans le dessein de marquer à M. de Montcalm de lui faire passer deux bataillons, aussitôt Chouaguen pris. Tout sera prêt pour leur passage à la Prairie, et ils vous parviendront, partis de Chouaguen, en peu de jours.

Il n'y avoit encore, le 27 juillet, à Chouaguen que huit ou neuf cents hommes, suivant la déposition d'un homme de Corlar même, qui dit que l'on ne pensoit pas à y renvoyer des bateaux depuis le coup que M. de Villiers avoit fait sur eux ; que ces mêmes bateaux avoient remonté à Corlar et qu'ils y étoient encore. Je regarde Chouaguen pris, et s'il l'est, j'en aurai d'autant plus de plaisir que toutes les lettres venant du fort Frontenac portoient qu'il y avoit trois mille hommes ; et M. de Montcalm est parti dans cette incertitude, quoique nous fussions presque sûrs qu'il n'y avoit, le 25 juillet, que neuf cents hommes ; et nous le lui avions dit. Si au contraire nous étions repoussés à Chouaguen, M. de Vaudreuil vous enverra toujours un bataillon de renfort et plus, si on voit quelque certitude que cela soit nécessaire ; il connoît la conséquence de vous renforcer.

L'officier prisonnier des sauvages, dont vous me faites l'honneur de parler, est encore au Sault-Saint-Louis. Il en impose dans ses dépositions ; il fait monter les forces angloises au double. La gazette de la Vieille-Angleterre ne les fait monter en toute la Nouvelle qu'à douze mille, en comptant le secours du général Loudon ; ce qui me feroit croire volontiers qu'il n'y aura pas plus de huit mille hommes à l'expédition de la Pointe. Ils en ont à garder les frontières de la Virginie, de la Pensylvanie ; suivant les nouvelles que nous avons de la Belle-Rivière, ils s'y tiennent sur la défensive et ne pensent point à y attaquer.

Nous avons reçu un exprès de France, de la part de la cour, pour nous informer que le Roi a pris le parti de s'emparer de l'île de Minorque pour se dédommager des pirateries des Anglois. La lettre est du 20 mai, et elle espère que l'on s'emparera de la citadelle. Vous verrez par mes nouvelles particulières qu'elle n'étoit pas prise le 21 mai, et que l'escadre de M. de La Galissonnière s'étoit battue contre l'amiral Lency *(sic)*.

Monsieur le garde des sceaux nous envoie l'ordre du Roi pour autoriser à armer en course.

L'Angleterre nous a déclaré la guerre le 17 mai. La cour ne le savoit pas encore lorsqu'elle nous a écrit. On m'a adressé la déclaration dont je vous envoie copie.

Autre nouvelle bien intéressante est le traité que nous avons passé avec la reine de Hongrie, offensif et défensif.

J'ai l'honneur d'être avec le plus sincère et parfait attachement, etc.

BIGOT.

P. S. —L'officier anglois fait prisonnier par M. de Beaujeu vient d'être interrogé. Ce n'est pas grand'chose, et il paroît être meilleur habitant que militaire. Il croit fermement que le comte Loudon a mené dix mille hommes de troupes de la Vieille - Angleterre, sans compter les femmes et enfants. On le lui a fait accroire ; il est sûr que ce milord est arrivé.

J'ai fait voir au chirurgien-major de la place l'état des remèdes qu'on vous a remis et que vous m'avez adressé. Il prétend qu'il y a abus dans cette consommation de la part des chirurgiens.

Il vient d'être envoyé à Carillon deux coffres de remèdes. Le sieur Feltz m'a dit qu'il alloit encore faire un envoi des drogues demandées, qui ne sont pas comprises dans les deux coffres.

M. Drouillon, porteur de la présente, qui arrive de France et qui avoit été fait prisonnier à la Belle-Rivière en 1754, m'a prié d'avoir l'honneur de vous le recommander.

VII

Montréal, 14 août 1756.

J'ai reçu la lettre que vous m'avez fait l'honneur de m'écrire le 10 du courant.

J'ai celui de vous renvoyer l'état des instruments de chirurgie que vous m'avez adressé. Il est répondu par le chirurgien-major de la place. Vous verrez, Monsieur, qu'il en a été envoyé suffisamment pour l'armée. Il y a à cet égard, comme sur les remèdes, beaucoup d'abus. Le sieur Arnoux m'a dit, à son retour de Saint-Frédéric et de Carillon, qu'il n'y manquoit rien de ces deux objets, et qu'il étoit inutile d'y en faire passer. Je sais d'ailleurs que le nommé Bertenet, attaché à la Reine, a perdu, étant ivre, son étui portatif avec tous ses instruments. Il en a demandé le remplacement ; on le lui a refusé, et il voudroit que le Roi les lui rendît. Ce sont des dépenses bien extraordinaires ; c'est à lui à s'en fournir.

Il sera cependant envoyé incessamment d'autres remèdes, et le plus qu'il sera possible.

Nous attendons avec impatience des nouvelles de M. le marquis de Montcalm.

Conservez-moi, je vous prie, une part dans votre souvenir et soyez bien convaincu de l'inviolable et parfait attachement avec lequel j'ai l'honneur d'être, etc.

VIII

Montréal, 19 août 1756.

M. de Vaudreuil vous fait le détail de la prise de Chouaguen, ainsi je n'aurai que l'honneur de vous en informer. Elle n'a coûté que deux hommes et dix ou douze Canadiens blessés. Le seul coup malheureux que nous ayons eu est la mort de M. Des Combles, ingénieur, qui fut pris pour Anglois par un de nos sauvages du Lac et le plus affidé, et qui, en conséquence, lui tira un coup de fusil dont il mourut peu de temps après.

M. de Vaudreuil vous fait part sans doute des secours qu'il va vous envoyer. Il demande à M. de Montcalm un bataillon à faire partir sur-le-champ et ensuite les deux autres.

IX

Québec, 25 août 1756.

J'ai reçu la lettre dont vous m'avez honoré le 17 août.

Je suis bien mortifié de votre incommodité et j'apprendrai avec grand plaisir que vous ne vous ressentez plus de votre foulure.

L'accident arrivé à nos trois soldats n'est pas extraordinaire; on doit s'attendre à de pareils événements pour ceux qui se sépareront du gros de la troupe. Il n'est point douteux que l'Anglois n'ait, comme nous, néanmoins en plus petite quantité, des découvreurs qui vont et viennent. Nous sommes sûrs qu'ils ont des compagnies matachées et habillées en sauvages; ils en ont même parmi eux qui sont Agniers. J'espère encore qu'ils ne vous attaqueront pas, et, si les autres bataillons vous joignent, je serai fort tranquille. Ce sont les vivres seuls qui m'inquiéteront.

Je n'ai pu avoir du monde pendant mon séjour à Montréal que pour vous approvisionner tel que vous vous trouvez à présent. Lorsque j'y suis arrivé, on ne pouvoit qu'avec bien de la peine faire face à votre consommation journalière, quoique vous ne fussiez pas deux mille hommes.

J'écris fortement à M. de Vaudreuil, en le priant de faire commander plus de monde pour les transports de Chambly à Sainte-Thérèse. Ce premier fort est plein de vivres. Je lui observe qu'il vaut mieux laisser faire la récolte des paroisses de ce canton comme elles pourront, que d'exposer votre armée à être prise par famine, en cas d'interruption de communication; et je lui ajoute que vous me demandez pour deux mois de vivres. Je suis persuadé que M. de Vaudreuil fera de son mieux pour faire trouver du monde.

Je suis bien convaincu que M. de Vaudreuil s'en

rapportera toujours à vous et à ce que vous lui proposerez.

J'avois déjà ordonné au sieur Almain de se tenir à Carillon, et il me répond qu'il s'y conformera et que vous l'avez demandé.

Je marque à Montréal d'envoyer les scies pour le moulin que M. de Lotbinière demande, ainsi que quelques autres articles.

Je doute que vous puissiez avoir de la mélasse au delà du nécessaire à l'hôpital, parce qu'il faut porter, par préférence, des farines et vivres. Ainsi l'arrangement de donner de la mélasse en place de l'eau-de-vie ne pourra guère avoir lieu.

J'arrivai hier de Montréal. Ma présence étoit nécessaire ici, mon absence ayant retardé plusieurs parties du service. Nous mettons après-demain à l'eau notre frégate.

X

Québec, le 11 juin 1757.

Je souhaite être le premier qui vous fasse son compliment sur le bâton de maréchal de France que le Roi vient de donner à M. le duc de Mirepoix ; le mien est des plus sincères. Personne ne prend plus de part que moi à ce qui vous intéresse. Je suis persuadé que le public et le militaire en auront été charmés ; il est généralement aimé.

Le Roi en a fait huit qui sont : le marquis de Senneterre, le marquis de la Tour Maubourg, le duc de Biron, le comte de Lautrec, le duc de Luxembourg, le comte d'Estrées, milord Clare et le duc de Mirepoix.

XI

Québec, le 28 juillet 1757.

J'ai l'honneur de vous adresser une lettre à votre adresse. Elle m'a été très recommandée. Il y a dedans une croix de Saint-Louis. Je profite avec grand plaisir de cette occasion de vous donner de nouvelles preuves du sincère et respectueux attachement avec lequel je suis, etc.

XII

Québec, le 27 décembre 1757.

Je saisis avec grand plaisir l'occasion que me procure la nouvelle année de vous renouveler les assurances de mon attachement. Personne ne sauroit vous souhaiter de meilleur cœur et avec plus d'affection l'accomplissement de ce que vous méritez. Honorez-moi, je vous prie, de la continuation de votre souvenir et de vos bontés ; je ferai de mon mieux pour les mériter.

XIII

Québec, le 7 février 1758.

A votre seule considération, j'envoie à Mme veuve Cabanac deux cents livres, quoique cela soit peu de chose, vu le prix où tout est porté. Je ne peux faire mieux à cause des conséquences. C'est d'ailleurs à M. le marquis de Vaudreuil à avoir soin des veuves d'officiers ; cette partie ne me regarde pas ; il a des fonds pour cela ; ils diminuent bien en temps de guerre et, par conséquent, la part de cette dame doit être dans ce cas.

Honorez-moi, je vous supplie, de la continuation de vos bontés et de votre souvenir. Vous m'avez fait espérer que j'aurai l'honneur de vous voir à Québec; je vous le rappelle. Je crains bien que le séjour de M. de Montcalm ici ne vous retienne à Montréal.

XIV

Québec, le 13 mars 1758.

Je n'avois demandé à M. Péan si vous aviez reçu la lettre que j'avois eu l'honneur de vous écrire au premier jour de l'an, que dans la crainte que vous m'eussiez cru capable de manquer aux attentions que je vous dois par devoir et par inclination. Je vous suis trop attaché pour laisser échapper une occasion de vous renouveler mes sentiments et de vous prier de m'honorer de vos bontés.

Je suis bien sensible au plaisir que vous m'avez fait de m'envoyer votre mémoire sur les limites. Recevez-en, je vous prie, mes remercîments. Je l'ai lu avec attention et personne n'en a eu connoissance. Il ne pouvoit être que très bien dressé, l'étant par vous, et il m'a paru, compliment à part, très juste, précis et convenable aux deux couronnes. La nature semble avoir fixé les limites que vous proposez.

Les quarante lieues que vous réservez pour être en friche, tant en deçà qu'au delà de la hauteur des terres, nous seroient très avantageuses, parce que le bois est notre fort, et qu'il est au contraire de l'intérêt de l'Anglois de défricher sur ses frontières, et je doute qu'il accorde cet article. Mais il ne nous sera pas possible, à cause de l'éloignement, de fournir, comme vous le proposez, en commun avec l'Anglois, le long de la Belle-Rivière, des marchandises aux sauvages dans les quarante lieues qui doivent nous servir de limites en deçà et au delà des Apalaches.

Les Anglois, étant, pour ainsi dire, chez eux, y feront tout le commerce, et il est à craindre que les sauvages de ce continent, nous perdant de vue et ne recevant leurs besoins que de l'Anglois, ne se déclarent contre nous à la première guerre.

J'aurois préféré que le commerce se fît le long et sur le bord de la Belle-Rivière, et qu'on permît aux Anglois d'y venir, quoique sur nos terres, pourvu qu'ils n'y fissent pas d'établissement et que notre fort subsistât, sous condition en outre qu'ils ne pourroient passer en deçà de la Belle-Rivière.

Il ne seroit pas en effet possible aux François de fournir aux besoins des sauvages de ce continent sans les Anglois, en admettant même la traite le long et sur le bord de la dite rivière. Ces sauvages d'ailleurs font des pelleteries que nous ne leur prenons pas, à cause de leur bas prix en France et de la difficulté du transport. Ils pourroient se détacher de nous, si nous les privions du moyen de s'en défaire ou si nous les forçions d'aller les passer chez les Anglois, dessus ou au delà des Apalaches.

Les limites que vous proposez du côté de l'Acadie sont aussi de convenance pour les deux couronnes ; mais j'aurois souhaité que nous eussions pu bâtir des forts de notre côté, à un éloignement honnête de l'isthme qui resteroit neutre, puisque les Anglois en ont dans l'Acadie. Un fort nous y seroit nécessaire pour protéger et engager des habitants de venir peupler cette frontière ; si nous n'y en avions pas, personne ne s'y établiroit.

Vous m'avez permis de vous dire ma façon de penser ; je la soumets à la vôtre. Au reste mes réflexions sont un petit objet.

XV

Québec, le 25 mars 1758.

Je suis bien flatté que vous n'ayez pas désapprouvé mes petites réflexions sur votre mémoire. L'observation que vous faites, qu'il convient de ne point bâtir de fort sur le bord de la mer dans notre frontière de l'Acadie, est des plus justes. Cette idée ne m'étoit point venue. Les bois sont les meilleurs forts que le pays puisse avoir.

Je souhaiterois, Monsieur, trouver des occasions plus essentielles de vous prouver mes sentiments, et ce que je fais pour vous procurer un secrétaire ne mérite pas tous les remercîments que je reçois de vous. Honorez-moi, je vous prie, de la continuation de votre amitié ; je ne négligerai rien pour la mériter.

XVI

Québec, le 26 mai 1758.

Je n'ai su que depuis peu la perte que nous avions faite de M. le maréchal de Mirepoix. J'ai d'abord pensé au chagrin que vous en auriez et j'y ai pris toute la part possible. C'est une perte pour l'Etat, à laquelle tout le monde aura été sensible. Comme citoyen, je le regrette beaucoup, mais encore plus par rapport à vous, parce que vous lui étiez fort attaché et qu'il vous payoit de retour. Personne ne prendra jamais plus de part que moi à ce qui vous regarde. Faites-moi la grâce d'en être persuadé.

XVII

Québec, 14 juin 1758.

Monsieur le marquis de Vaudreuil ne pouvoit mettre en meilleures mains la petite armée qu'il vous a donné à commander, et je suis même garant que tout le monde pense de même. Je fais ce que je peux, Monsieur, pour que rien ne vous manque. J'ai déjà écrit en conséquence et j'ai fait passer tous les canots d'écorce des Trois-Rivières à Montréal, et j'ai fait acheter dans cette dernière ville ceux qu'on a pu trouver. Il me reste seize bateaux du cent à vous faire passer d'ici ; les troupes qui sont encore à Québec vous les mèneront. Il doit y avoir déjà à Montréal assez de farine, graisse et vivres rendus pour votre opération, ainsi que des étoffes pour vos équipements.

Je fais partir demain M. Meslié, écrivain de Roi, pour faire fonction de commissaire sous vos ordres ; il emmène deux commis entendus pour les vivres.

Vous me ferez grand plaisir si vous voulez bien m'honorer quelquefois de vos nouvelles. Personne ne prendra plus de part que moi à tout ce qui pourra vous arriver.

Faites-moi, je vous prie, la grâce de m'accorder un peu de part dans votre souvenir, je le mérite par le sincère et respectueux attachement que je vous ai voué et avec lequel j'ai l'honneur d'être, etc.

BIGOT.

P. S. — Il y a quatre navires arrivés à l'Ile-aux-Coudres de la troisième division, il y a des vivres dans trois pour le munitionnaire. Elle a été escortée jusques hors des caps par un vaisseau de quarante canons et deux frégates, sans quoi le convoi auroit été pris, de forts corsaires ne les ayant pas abandonnés.

L'arrivée de la troisième division me fait désespérer de la seconde.

Il y a aussi deux navires de Bayonne arrivés pour le munitionnaire.

XVIII

Québec, 10 juillet 1758.

J'ai été bien mortifié de voir que M. de Vaudreuil avoit été obligé de retarder votre expédition ; il falloit qu'il fût au plus pressé. Dans quelque lieu que vous soyez employé en chef, soyez convaincu, je vous prie, de toute l'attention que j'aurai à ce que votre armée soit pourvue le mieux qu'il sera possible. Je pense d'avance à bien approvisionner Niagara, pour qu'on y trouve une ample subsistance en temps et lieu.

Nous avons en rivière trois frégates du Roi, dont deux étoient sorties de Dunkerque pour escorter trois navires chargés de riz et de blé. Elles se sont battues, au sortir de la Manche, contre deux vaisseaux de guerre qui les abandonnèrent pour courir après les trois marchands. La nuit survint, et ils les cherchèrent inutilement le lendemain ; et les frégates, en faisant route pour Québec, ont trouvé deux malouins sortis de

Brest avec trois mille quarts de farine et soixante milliers de poudre ; elles les ont escortés. Nous avons aussi en rivière deux rochelois chargés de vivres pour le Roi.

Un corsaire de Granville qui alloit faire la pêche à Gaspé, a pris un anglois chargé de marchandise fine, qu'il estime cinq à six cent mille livres. Il a abandonné la pêche et conduit la prise ici.

Il y a aussi un bâtiment parti de Louisbourg le 18 juin, qui dit que les Anglois ont tenté à s'emparer de l'île de l'entrée du port ; mais qu'ils y ont échoué ; qu'ils ont perdu mille hommes et leurs voitures. Il leur en arriva autant la dernière guerre ; M. d'Aillebout y commandoit. J'attends avec impatience l'arrivée de ce bâtiment, parce que j'y aurai des lettres. Les Anglois faisoient une batterie à la tour de la Lanterne, vis-à-vis cette île, pour la canonner ; cela n'aboutira à rien. Ce bâtiment a entendu, toute la nuit de sa sortie de Louisbourg, un combat à coups de canon.

Voilà toutes nos nouvelles. Je souhaite bien ardemment en apprendre de bonnes de chez vous.

XIX

Québec, 13 juillet 1758.

Avec quel plaisir n'ai-je pas appris toute la part que vous avez eue à la victoire complète que les troupes du Roi viennent de remporter sur les Anglois. Vous n'aviez pas besoin d'une pareille journée pour vous faire une réputation, elle étoit établie ; mais elle s'est bien confirmée. L'éloge que l'on fait de votre fermeté et de votre sang-froid est général. Vous avez été d'un grand secours à M. le marquis de Montcalm. J'ai l'honneur de vous en faire mon compliment de grand cœur, et de vous en être tiré sain et sauf. Vous devez être bien fatigué. Que votre zèle ne vous emporte pas trop. Je vous souhaite une parfaite santé, et faites-moi la grâce d'être bien convaincu que personne ne prend plus de part que moi à ce qui peut vous regarder.

XX

Québec, 21 août 1758.

J'aurai grand soin de mettre sur le premier vaisseau pour France, qui sera un du Roi, les lettres que vous m'avez fait l'honneur de m'adresser, et je ferai tenir à Péan, par la même occasion, celle que vous lui écrivez.

M. le marquis de Montcalm a la bonté de me faire part de ce qui se passe. Je serois bien mortifié de vous occasionner cette peine. Je réserve vos bontés pour moi pour d'autres occasions.

Nous avons au Bic l'*Outarde*, flûte du Roi, avec le *Don-Royal*, navire de La Rochelle. Ils sont partis le 28 juin de Rochefort avec l'*Aigle*, de cinquante canons, armé en flûte, et sept navires marchands de La Rochelle. Ils sont tous chargés de vivres et de marchandises. Ils se sont tous séparés trois jours après leur départ. Je n'ai point encore reçu nos lettres de l'*Outarde*; je compte que ce sera pour demain. Il n'y a pas une nouvelle par le navire le *Don-Royal*, qui a envoyé ses lettres au commerce; elles sont toutes du mois d'avril.

Le commandant du port Toulouse dans l'Ile-Royale, nous a envoyé un petit bateau pour nous informer de la situation de Louisbourg. Voici un extrait de ce qui s'est passé, que je trouve mieux que celui de cet officier; * il vient d'un homme que le munitionnaire y avoit envoyé pour faire quelques affaires; mais le capitaine d'une goélette que j'y ai envoyée d'ici est entré dans son canot à Louisbourg le 25 juillet. Il me portera bientôt ou m'enverra la réponse à mes lettres à MM. Drucour et Prévost.

Honorez-moi, je vous prie, de la continuation de vos bontés, je le mérite par l'attachement que je vous ai voué.

Bigot.

P. S. — Je ne perds point de vue de faire passer le plus de vivres qu'il sera possible sur le lac Ontario.

Du 22.

Je viens d'avoir des lettres de l'*Outarde*. M. de Moras s'est retiré le 24 mai; M. de Massiac, lieutenant général de la marine, l'a remplacé; M. Le Normand est adjoint. Nous en changeons comme de chemises; aussi nos affaires vont fort mal par terre et par mer.

* L'extrait dont il est ici parlé ne se retrouve point à la suite de cette lettre. Il était sans doute sur une feuille séparée qui a été perdue. — Note de l'Éditeur.

Les Anglois ont brûlé tous les navires de Saint-Servan, dont il y avoit trente frégates de trente ou quarante canons, désarmés, faute de matelots. Les corderies, bois de construction, tout a été consumé. Ils ont sommé Saint-Malo de se rendre, et ils l'auroient escaladé sans un gros orage qui survint. M. d'Aiguillon est venu à son secours avec huit mille hommes. Les Anglois rembarquèrent; ils avoient seize mille hommes de descente.

Le chevalier de Rohan a été pris montant un vaisseau de 74 et allant du Port-Louis à Brest. Les Anglois, à ce qu'on prétend, doivent se promener le long de nos côtes et en faire autant.

L'*Aigle* qui étoit le commandant *(sic)*, aura nos lettres du nouveau ministre.

Le comte de Maillebois a fait un mémoire contre le maréchal d'Estrées. Le Roi a envoyé cette affaire aux maréchaux de France. Le premier a été reconnu calomniateur, renfermé dans une citadelle un an et un jour, et le maréchal, son père, a perdu ses charges et a été exilé.

Vous saurez tout cela par vos lettres.

M. de Paulmy a été pareillement exilé.

XXI

Québec, 6 septembre 1758.

Mme Péan me charge d'avoir l'honneur de vous adresser l'incluse. Je m'en acquitte avec d'autant plus de plaisir que cela me procure l'occasion de me rappeler à votre souvenir.

Je ne vous parlerai point de tout ce qui vient de nous arriver sur le lac Ontario, que je regarde perdu pour nous jusqu'à ce que nous le reprenions. Vous en êtes instruit comme moi.

Si les Anglois se sont maintenus à Niagara, il faut le reprendre et faire un coup de vigueur. S'ils l'ont abandonné, il faut les empêcher de s'établir à Chouaguen, et aller ensuite reprendre notre poste à Frontenac et y construire. M. de Vaudreuil m'a demandé mon avis : c'est ainsi, pour moi, que je pense. Il en coûtera beaucoup de fatigues et d'argent ; mais qu'y faire. On ne peut abandonner Niagara, sans quoi toute cette partie seroit perdue pour nous.

M. de Vaudreuil attend M. de Montcalm pour savoir sa façon de penser. Ils verront ensemble le parti qu'il conviendra de prendre.

BIGOT.

P. S. — J'ai donné vos lettres au commandant de l'escadre qui part demain, c'est-à-dire celles que vous m'avez adressées après le départ de M. Péan.

XXII

Québec, 11 septembre 1758.

J'ai mis sur un second vaisseau du Roi les duplicata que je viens de recevoir, et qui étoient joints à la lettre que vous m'avez fait l'honneur de m'écrire le 28 du mois dernier. Les dernières nouvelles de Carillon portent que l'armée angloise diminue au fort Georges. Si cela est, je présumerois qu'elle augmente sur le lac Ontario; ce qui y rendra nos affaires encore plus mauvaises.

J'avois bien prévu dans mon dernier voyage de Montréal que les Anglois pourroient paroître sur le lac Ontario, et, en conséquence, j'avois ordonné à La Force d'armer une troisième barque et de m'envoyer l'état de ce qui manqueroit au senau anglois. Ma lettre est du 30 juillet; il me répond du 21 août que la troisième barque est armée, et il m'envoie l'état de ce qu'il faudroit pour armer le senau anglois.

Lorsque j'appris que les Anglois marchoient au fort Frontenac, j'espérois que ces trois barques auroient combattu les berges ou se seroient rendues à Niagara. Rien de tout cela : elles ont été rendues avec le fort. Je ne comptois pas en avoir fait préparer une troisième pour les Anglois; ils n'en ont néanmoins conservé que deux, et ont brûlé les autres, comme vous l'aurez su. C'est une affaire à réparer. J'attends une décision de la part de M. de Vaudreuil, qui doit en conférer avec M. de Montcalm, sur le lieu à rétablir.

J'ai mandé mon avis, qui est Frontenac, en plaçant mieux le fort; c'est l'affaire de l'ingénieur. Vous serez instruit de tous nos mouvements de ce côté-là, ainsi je ne vous en parlerai pas.

Je travaille à faire passer tout ce qui est nécessaire; ce qui ne sera pas une petite affaire.

BIGOT.

P. S. — M. de Vaudreuil m'a envoyé copie de la lettre qu'il écrit au ministre. Il lui demande seulement des forces qui le mettent en état de combattre celles des ennemis qui sont considérables ; il se réserve de fixer le nombre à la fin de l'année. Honorez-moi, je vous prie, de la continuation de votre amitié.

XXIII

Québec, 14 septembre 1758.

Je ferai tenir à M. Péan, par la première occasion, la lettre que vous lui adressez et qui étoit jointe à celle dont vous m'avez honoré le 5.

J'espère que nos affaires seront rétablies le printemps prochain sur le lac Ontario, puisqu'on est presque sûr, suivant les dernières nouvelles, que les Anglois n'ont pas été à Niagara. Ils ont manqué une belle occasion de s'en emparer, et qu'ils ne trouveront plus. Si nos barques nous eussent resté, il n'y auroit pas eu grand mal : il ne nous en auroit coûté que de l'argent pour réparer les vivres et les marchandises et les munitions de guerre qu'ils ont enlevés.

Je vois, Monsieur, que vous restez commandant de l'armée par le départ de M. le marquis de Montcalm. Elle est aussi en sûreté en vos mains que dans les siennes, et nous ne pouvons que bien tomber en généraux. Je ne pense pas que vous soyez attaqué de cet automne. Vous en serez peut-être fâché par le plaisir et la gloire que vous auriez à battre une seconde fois M. Abercromby.

Je vous rends bien des grâces de l'espérance que vous me donnez de me faire part de ce qui se passera de nouveau pendant votre commandement; je vous en serai sensiblement obligé.

XXIV

Québec, 17 septembre 1758.

Je réponds à la lettre que vous m'avez fait l'honneur de m'écrire en faveur de M. Meslié. Il ne pouvoit assurément trouver un meilleur protecteur que vous, et je ferai de mon mieux pour lui faire procurer ce que vous souhaitez pour lui. Si vous voulez l'avoir, supposé que vous alliez au lac Ontario, je vous l'enverrai. M. le marquis de Vaudreuil n'attend qu'à savoir au juste la position des ennemis pour se décider sur les opérations.

Je voudrois fort apprendre la retraite des ennemis du fort Georges, par rapport à notre armée qui doit être fatiguée d'être si longtemps sous la toile et au lard.

Les troupes qui ont fait le siège de Louisbourg ne paraîtront pas au fort Georges. Elles n'arriveront dans nos quartiers et elles ne se répandront à Orange que pour le quartier d'hiver. Je le pense de même. Elles doivent être fatiguées; mais nous les verrons de bonne heure l'année prochaine.

Je suis dans une cruelle inquiétude sur le sort de Niägara, quoiqu'il nous soit arrivé des canots partis le 1er de ce mois qui n'ont rien vu ; il n'est pas sûr que les Anglois n'y aient pas été par le sud.

La partie du lac Champlain est approvisionnée en vivres jusqu'au 1er juillet.

M. de Bourlamaque arriva hier bien fatigué.

Je vous suis fort obligé de votre attention à me faire part de la petite alerte que vous avez eue par cinquante berges. Je me flatte qu'elles seront venues seulement pour découvrir ce que vous feriez et la quantité de monde qu'il y avoit au Portage.

XXV

Québec, 25 septembre 1758.

Je suis bien sensible à l'attention que vous avez bien voulu avoir de m'envoyer la déposition du dernier déserteur. Je pense, pour moi, que tous les préparatifs de l'ennemi du côté du lac Saint-Sacrement tendent à venir attaquer Carillon, à l'ouverture du printemps. Ainsi, il faut trouver un moyen pour pouvoir s'y rendre en avril. J'en parle à M. le marquis de Montcalm et à M. le marquis de Vaudreuil, pour se déterminer sur ce qu'on doit faire à bonne heure, afin de décider l'envoi des vivres dès cet automne.

Vous aurez su qu'on compte à Montréal que les Anglois n'ont pas été à Niagara, sur ce que nos barques ont été brûlées à Chouaguen. Les officiers anglois prisonniers qui sont ici pensent qu'ils y ont été. Sur ce que l'on croit à Montréal, M. de Vaudreuil a changé ses projets. Vous aurez été informé qu'ils se sont terminés à envoyer M. Duplessis avec son armée à Frontenac. J'envoie le sieur Cressé pour y construire avec vous ce qu'il faut.

Il ne s'agit plus que de savoir comme se tournera la Belle-Rivière (*sic*), et si Monsieur le général ne sera pas obligé de vous y envoyer, si elle est prise. Nous serons bien foibles pour nous éparpiller tant, d'autant plus que l'habitant est sur les dents et qu'il commence à bien s'ennuyer de la guerre.

J'ai, pour moi, grande espérance qu'on fera la paix cet hiver. Comment feroit la France pour faire passer ici dix mille hommes qu'il faut au moins, avec des vivres ? Risquera-t-elle sa marine ? Il le faut cependant; ou faire la paix, ou perdre le Canada.

Les Anglois ont été prendre possession de l'île Saint-Jean. Ils en transportent les habitants à Louisbourg et de là, sans doute, en France. Il y a quatre mille âmes au moins. Ils ne donnent qu'un coffre par famille. Il reste sur l'île cinq ou six mille bêtes à cornes qu'ils n'ont pas voulu leur payer, disant que le Roi d'Angleterre n'en avoit pas besoin. Ils en feroient autant peu à peu aux Canadiens, s'ils prenoient ce pays-ci.

Honorez-moi, je vous prie, d'un peu de part dans votre souvenir.

BIGOT.

P. S. — Mme Péan m'a chargé de l'honneur de vous marquer qu'elle est bien sensible à votre souvenir et de vous faire bien ses compliments.

XXVI

Québec, 5 octobre 1758.

J'ai l'honneur de vous adresser une lettre que j'ai trouvée dans mes paquets qui étoient dans l'*Aigle*. Il m'est parvenu aujourd'hui un officier de ce vaisseau qui m'appris qu'il s'étoit perdu le 5 août au Mécatina. Ils n'ont rien sauvé. Ils sont trois cents, et ils seroient morts de faim sans cinquante quarts de farine que la mer a jetés à deux lieues d'où ils se sont perdus. J'arme un navire qui est ici pour aller les chercher. C'est un opéra *(sic)*, et cela va nous consommer des vivres, dont nous sommes toujours courts ; car il ne nous reste point de lard. Ce vaisseau en avoit beaucoup, et de la farine. Je donne ordre au capitaine de m'amener tout ce monde, du moins jusqu'à Kamouraska, et j'écris la nécessité au capitaine de l'*Aigle* que son équipage nous parvienne. Il nous servira à faire manœuvrer les cajeux, le printemps prochain, ou à l'artillerie.

Nous apprenons en même temps que les Anglois ont été prendre possession de Gaspé avec neuf vaisseaux de guerre et vingt-cinq bâtiments de transport. Ils y ont porté des maisons et des blockhaus tout faits ; de sorte que Gaspé est déjà mieux établi que nous ne l'avions établi depuis cent cinquante ans. La cour nous a envoyés bien loin lorsqu'on lui a proposé de le fortifier. Ils l'auroient, à la vérité, pris la même chose. Nous voilà cernés de tous côtés ; jugez comme il nous parviendra des secours l'année prochaine. Toutes nos affaires vont aussi mal par terre que par mer ; il semble que c'est une décadence générale.

Je crains fort que vous ne soyez vivement attaqué à Carillon.

J'ai reçu la lettre dont vous m'avez honoré le 24 septembre.

Il n'est point venu de lettre sur la promotion. Il est honteux que la cour remette les grâces d'une année sur l'autre pour des officiers qui éprouvent tant de misère et qui servent si bien le Roi. Les deux ministres s'entendent là-dessus.

XXVII

Québec, 9 février 1759.

Il me suffit que vous vous intéressiez à ce qui regarde M. Pénisseault pour saisir avec empressement les raisons qui seroient en sa faveur, pour le dédommager de la perte qu'il fait sur sa fourniture de bois. Mais je ne saurois lui procurer de dédommagement, quelque bonne volonté que j'aie, que je n'aie une espèce de fondement. Je n'en ai vu aucun jusqu'à présent.

Monsieur le général qui m'a écrit à son sujet, m'a marqué qu'il est vrai que le monde étoit fort rare l'été et l'automne, mais qu'il ne lui en avoit pas demandé ; s'il l'eût fait, il n'est point douteux que M. de Vaudreuil lui en auroit accordé, comme il fait ici au fournisseur du bois ; car cette fourniture est aussi nécessaire dans ce pays que celle des vivres. Ainsi je ne demande pour le favoriser qu'une raison valable.

Le marché qu'il a passé en mars est contre lui, puisqu'alors il auroit dû prendre des précautions et prendre des arrangements sûrs avant de le passer ; et, si quelques contretemps les eussent rendus inutiles, s'adresser à Monsieur le général pour avoir du monde pour les réparer *(sic)*. Quoi qu'il en soit, je me propose d'écrire à M. Martel pour voir ce que je pourrois faire cette année seulement ; car il faut qu'il tienne son marché les suivantes ; il est à même de prendre ses mesures.

Soyez, je vous prie, convaincu que ce qui vous intéressera me sera toujours cher, personne ne vous étant plus dévoué et n'ayant l'honneur d'être, etc.

XXVIII

Québec, 10 mai 1759.

C'est avec un sensible plaisir que j'ai l'honneur de vous faire mon compliment sur le grade de maréchal de camp que le Roi vous a accordé. Il vous étoit dû à tous égards, et personne, Monsieur, n'y prend, je vous assure, plus de part que moi. Vous verrez par le rapport de M. de Bougainville que vous aurez de la besogne.

Ce qui m'embarrasse, étant bien sûr que pour ce qui vous regarde vous vous en tirerez bien, c'est la subsistance ; nous tuerons les animaux, lorsque nous ne pourrons faire mieux, et nous y serons bientôt réduits.

XXIX

Au Camp, 15 juillet 1759.

J'ai l'honneur de vous envoyer les rames et avirons à main que vous m'avez demandés. Je vous prie de donner ordre de les conserver, parce que nous en manquons.

XXX

Au Camp, 16 juillet 1759.

M. de Vienne me marque que la chaloupe angloise est en bon état ainsi qu'une berge et deux canots anglois, qu'il a deux pierriers seulement, mais qu'on pourroit remplacer les quatre autres par deux espingoles et deux fusils trompettes *(sic)*, et qu'ils seront en état aujourd'hui. Je vous prie de vouloir bien détacher le nombre d'hommes nécessaires pour amener ces quatre voitures, si vous les prenez toutes. Vous aurez, s'il vous plaît, la bonté de me faire avertir de l'envoi de ces hommes, afin que je donne ordre de les leur délivrer.

XXXI

Au camp de la Canardière, le 18 juillet 1759.

Je n'ai point trouvé l'état, que vous me faites l'honneur de m'annoncer, des marmites et autres choses nécessaires aux volontaires de M. Duprat. Le sergent m'a dit qu'il lui en falloit cinq ; je lui en ai donné le billet.

Je vois avec grand plaisir que vous faites ce que vous voulez des sauvages ; en voilà un beau nombre de partis. S'ils vouloient continuer leur bonne volonté, ils harasseroient bien les Anglois.

Je crains que votre zèle ne vous emporte trop et que vous ne preniez pas assez de repos. Il en faut cependant à la machine. Je comptois avoir l'honneur de vous voir demain matin ; mais j'ai appris par M. de Montcalm que vous deviez monter la tranchée cette nuit ; ainsi je vous conseille fort de dormir tard demain.

Il n'est point douteux que ce ne soit le général Wolfe qui a été appelé à bord de l'amiral. C'est peut-être pour lui communiquer quelque nouvelle venue par mer. Je me persuaderois volontiers qu'ils ne vous attaqueront qu'autant qu'ils recevront du secours.

J'ai fait mes compliments à Mme Péan, et je lui ai marqué que je n'avois pas l'honneur de vous voir à présent aussi souvent que je souhaiterois, à cause de vos occupations pendant la nuit qui vous obligent de vous reposer le jour, et que je ne veux pas interrompre un sommeil qui vous est aussi nécessaire qu'à nous. J'en ai reçu une lettre ce matin, dans laquelle elle ne vous oublie point, et je m'acquitte de sa commission en vous assurant de mille compliments de sa part.

XXXII

Le 28 juillet au soir.

Si on s'étoit adressé à moi pour avoir le mémoire des drogues que vous souhaitez pour les sauvages, vous l'auriez déjà eu à l'ambulance. Je ne fais que de revenir de visiter nos hôpitaux, et demain vous aurez à midi ou, pour mieux dire, Lajus, les remèdes qu'il demande *(sic)*.

J'ai l'honneur de vous souhaiter le bonsoir.

XXXIII

Le 29 juillet [1759].

J'ai l'honneur de vous envoyer une lettre de Mme Péan.

Vous nous avez donné une alerte hier au soir, mais qui n'a pas duré longtemps.

L'Hôpital-Général m'a fait dire que M. Briault, chirurgien-major, avoit envoyé hier au soir au sieur Lajus ce qu'il avoit demandé en drogues ; ainsi il aura de quoi traiter les sauvages.

Je vous souhaite le bonjour.

XXXIV

Le 5 août 1759.

Je viens dans l'instant d'envoyer à l'Hôpital-Général chercher les drogues que le sieur Lajus a demandées. Le sieur Briault n'en avoit pas à l'Hôpital-Général ; il a été obligé d'aller en chercher en ville. Dans la route je lui donne ordre d'envoyer par la suite ce qu'on lui demandera pour le Sault, une fois pour toutes.

Je vous souhaite une bonne nuit et beaucoup de tranquillité. Les drogues seront portées avant minuit à M. Lajus.

XXXV

Le 6 août [1759].

J'ai l'honneur de vous renvoyer l'état de M. de Repentigny, signé, pour les souliers ; mais il n'y a point de tabac. M. le marquis de Vaudreuil m'a recommandé de garder le peu qui reste pour les sauvages ; ainsi c'est une affaire entre vous et lui. Je sens que ces gens-là, ainsi que les volontaires de Duprat, fatiguent beaucoup.

M. le marquis de Montcalm m'a envoyé la déposition du déserteur ; il paroît instruit, comme vous le dites, et, comme vous l'avez deviné, M. Wolfe veut vous mettre à la raison à force d'artillerie; mais il n'y réussira pas.

BIGOT.

P. S. — Mme Péan m'a chargé, le dernier courrier, de vous faire mille compliments; je lui ferai les vôtres aujourd'hui par le courrier.

XXXVI

Le 8 août 1759.

J'ai l'honneur de vous renvoyer l'état du sieur Réaume, avec l'ordre pour la délivrance.

Je suis charmé du parti que vous prenez; quoique votre présence soit nécessaire ici, elle est encore plus de conséquence en haut; car un de ses côtés percé, la colonie seroit bien aventurée, pour ne pas dire perdue.

XXXVII

Au quartier général, le 15 août 1759.

J'ai appris avec un sensible plaisir, par la lettre dont vous m'avez honoré, votre heureuse arrivée à Montréal. Vous avez procuré la tranquillité dans les esprits, et ils avoient grand besoin de votre présence pour revenir de la frayeur où ils étoient.

Je suis charmé que vous ayez été content de M. Martel ; je l'avois prévenu d'aller au-devant de ce que vous pourriez souhaiter.

Je vois que vous ne vous proposez de ne faire passer à la tête des Rapides que six cents hommes, lesquels, joints à onze cents du chevalier de La Corne, feroient dix-sept cents hommes, et que vous ferez camper le reste à la Prairie. Je serai tranquille quand vous aurez vu par vous-même ce que c'est que les Rapides ; mais depuis que je sais que vous y êtes, quelque chose me dit que les ennemis ne les sauteront point et qu'ils se joindront au général Amherst. Si en effet vous les y battiez et que le général Amherst n'eût pas percé, comment feroient-ils pour s'en retourner ?

Je suis persuadé qu'après votre visite des Rapides et y avoir ordonné les ouvrages qui vous auront paru convenables, vous irez faire un tour à l'Ile-aux-Noix.

Il paroît que la position que vous avez laissée ici subsistera. M. de Repentigny est sorti la nuit dernière avec quatre ou cinq cents hommes et quatre jours de vivres. Les ennemis sont présentement occupés au nombre de mille ou onze cents hommes, suivant le rapport des prisonniers, à brûler les paroisses qui sont vis-à-vis la Pointe-aux-Trembles jusqu'aux troisièmes concessions. Ces prisonniers, qui sont de cette armée, disent qu'ils doivent revenir après cette opération. Ils voulurent descendre à la Pointe-aux-Trembles, il y a quelques jours ; ils furent repoussés par M. de Bougainville ; ils perdirent, tant tués que blessés, cent cinquante hommes, suivant ces prisonniers, dans les deux tentatives qu'ils firent.

Nous avons seize cents hommes, y compris une compagnie de grenadiers, depuis Québec jusqu'à Jacques-Cartier ; le plus fort est à la Pointe-aux-Trembles.

Je vous souhaite, Monsieur, une parfaite santé ; vous en avez besoin, surtout après le séjour que vous avez fait au Sault. Accordez-moi, je vous supplie, un peu de part dans votre souvenir.

BIGOT.

P. S. — Si vous avez oublié quelque chose ici, honorez-moi de vos ordres.

Un pot-à-feu mit le feu hier dans le quartier de Mme Péan ; il n'y eut heureusement qu'une maison de brûlée ; on abattit sur-le-champ les couvertures voisines.

M. de Vaudreuil doit vous avoir prié de faire donner du monde pour battre. Comment notre armée pourroit-elle vivre, si, aussitôt le blé coupé, nous ne recevions pas la farine, que nous mangerons sans être blutée. Il hésitoit ; mais je lui ai fait voir que l'armée étoit perdue sans ce secours au 20 ou 25 septembre. Il a écrit en conséquence à M. de Rigaud.

XXXVIII

Du 17 [août 1759].

Il vient de nous arriver trois déserteurs du camp de la Pointe-de-Lévis. Ils disent qu'ils doivent s'en aller sous trois semaines, si la jonction ne se fait pas ; il s'agit donc de tenir bien ce temps-là ;

Qu'ils brûlent les maisons de cette paroisse et fauchent le blé qu'ils brûlent; s'ils vouloient ne pas s'y prendre autrement pour le blé, ils ne nous feroient pas grand mal;

Qu'ils perdent treize cents hommes depuis qu'ils sont ici, tant tués que blessés ;

Qu'ils ont tant de malades qu'ils ne savent où les mettre ;

Qu'ils désespèrent de prendre Québec.

Ces gens-là nous donnent du couleur de rose.

XXXIX

26 août 1759.

Vous devez savoir à présent que les Abénaquis de Saint-François nous ont mené sept Loups et deux officiers anglois qui vouloient percer à l'armée de Wolfe. Vous pensez bien que les instructions secrètes de M. Amherst n'ont été données que verbalement à ces officiers ; aussi, ne leur a-t-on pris qu'une instruction de M. Amherst pour engager les Abénaquis d'être tranquilles ; qu'il seroit leur protecteur dans ce pays-ci, et autres verbiages. On n'a donc trouvé que deux boîtes de fer-blanc, où il y avoit des lettres de plusieurs officiers de l'armée de M. Amherst à des colonels et autres officiers de celle de M. Wolfe.

Il paroît par ces lettres que l'armée de M. Amherst pense que nous sommes retirés à Saint-Jean, où vraisemblablement, disent-ils, nous les attendrons ; qu'on ignore encore si cette armée poursuivra ; que cela dépendra du succès de M. Wolfe.

D'autres lettres disent qu'on croit M. Wolfe paisible possesseur de Québec, et que les officiers des deux armées boiront de bon vin françois ensemble à Montréal sous peu de temps.

Mais il paroît par les lettres qu'on ignoroit le 8 de ce mois à l'armée d'Amherst notre position à l'Ile-aux-Noix ; il n'en est fait nulle mention, non plus que des Rapides, comme si cette route n'existoit pas. Ils parlent néanmoins beaucoup de Niagara, dont ils font le détail comme d'une grande victoire, ayant totalement défait quinze cents hommes qui venoient pour secourir la place.

M. Abercromby, aide de camp, écrivit dernièrement au major Grant que son élargissement étoit prochain, qu'il le verroit bientôt, et il marqua à M. de Bougainville de lui tenir du vin de Champagne prêt et une jolie Canadienne ; qu'il le verroit au premier jour.

Je ne compte pas que cela soit pour cette année, puisque le 8 août, Amherst ignoroit notre position à l'Ile-aux-Noix. Je croirois aussi volontiers qu'ils ne viendront pas par les Rapides, et que cela vous mettra à même de faire forcer le battage du blé pour faire subsister notre armée, qui, au 10 septembre, sera sans pain. Nous devions d'abord en avoir jusqu'au 2 octobre, ensuite au 20 septembre, et enfin au 10. Les sauvages et autres fausses consommations sont cause de cette diminution. Je presse beaucoup M. Martel.

Il n'y a rien de nouveau ici. M. Wolfe fait brûler dans plusieurs paroisses. Il ne peut pas tarder à recevoir les lettres d'Amherst par la voie de Boston. Les lettres que nous avons prises les annoncent.

Je vous souhaite beaucoup de santé et la continuation de votre amitié; vous ne pouvez en honorer personne qui la mérite mieux.

XL

Au quartier général, le 1er septembre 1759.

J'ai reçu la lettre dont vous m'avez honoré le 25 du mois dernier. J'ai été charmé d'apprendre que vous êtes arrivé en bonne santé à l'Ile-aux-Galops. Je vois que vous n'avez pas bonne opinion de la défense de cette île. J'ai grande confiance dans les ouvrages que vous ordonnez, soit dans cette île ou ailleurs, et j'espère que, pourvu que vous y soyez, les ennemis seront battus, s'ils veulent descendre les Rapides; mais je doute qu'ils tentent par là, hormis qu'ils n'y vinssent avec des forces extraordinaires, car ils n'auroient point de retraite.

Les ouvrages de l'Ile-aux-Noix avancent, et on regarde à présent ce poste impénétrable, à ce que les officiers qui y sont mandent, parce que la saison est trop avancée pour pouvoir venir par terre.

Nous sommes toujours ici dans la même position, à trois mille hommes près qui sont depuis Québec jusqu'à

Jacques-Cartier. Les ennemis, qui ont fait passer au-dessus de Québec dix-neuf frégates ou goélettes et bateaux, les gros vaisseaux compris, ont donné lieu à cette augmentation de troupes dans cette partie. On pense que c'est pour passer le Richelieu et prendre nos bâtiments. On saura ce qui en est cette nuit ; car ils ont eu gros vent de nord-est avec la marée depuis midi jusqu'à cinq heures, et ils étoient mouillés à la Pointe-aux-Trembles. S'ils n'ont pas fait le Richelieu, ils n'ont pas dessein de le faire, et leur projet sera de nous faire faire diversion, pour que nous ne les attaquions pas ; ils en ont une grande peur, suivant les déserteurs.

Ils ont ôté beaucoup de canons du Sault et ils ont embarqué des effets ; ils brûlent toujours de tous côtés.

Le sieur Canon fut joindre avant-hier avec trois frégates, les plus grosses du munitionnaire, M. Vauquelin au-dessus du Richelieu. Il en perdit une de vingt-six canons, toute neuve, qui s'échoua à pleine voile sur un rocher. Il est de la dernière conséquence que M. Vauquelin arrête les Anglois, sans quoi ils iroient jusqu'aux Trois-Rivières, et notre communication par eau avec Montréal seroit interrompue, non pas par terre, parce qu'il ne paroît pas y avoir beaucoup de monde sur ces bâtiments.

On vient de me dire qu'il y avoit eu après-midi du monde embarqué au Sault avec beaucoup d'effets dans les berges. On a tiré longtemps sur eux sans qu'ils aient répondu.

Les vivres commencent à me donner bien de la peine. C'est la farine nouvelle qui va nous faire vivre. Nous en avons une goélette chargée à Batiscan venant de Montréal. Savoir comment nous la ferons venir.

Nous tuerons chevaux et tout ce qui est mangeable, si l'ennemi nous bouche le passage.

Nous n'avons d'ailleurs rien de nouveau.

BIGOT.

P. S. — Je vous recommande fort nos récoltes, et je suis bien persuadé que vous les protégerez de votre mieux ; vous en savez la conséquence.

J'oubliois d'avoir l'honneur de vous dire que les Anglois ont tué l'abbé Portneuf, curé de Saint-Joachim, et neuf habitants avec lui, quoiqu'ils se fussent rendus prisonniers. Ils étoient dix habitants avec lui ; un seul s'est sauvé. Ils furent cernés dans un bois par deux cents *rangers*. Le curé a eu la tête ouverte en quatre et toute la chevelure faite. M. Wolfe est cruel.

Du 2.

Il a passé hier au soir six cents hommes du Sault à l'Ile-d'Orléans ; ils le quitteront bientôt, suivant les apparences.

J'apprends que tous les navires anglois ont descendu, malgré le nord-est qui règne encore, à Sillery, où ils sont. C'est une preuve qu'ils ne veulent pas monter le Richelieu. Je compte qu'ils remonteront au flot. Ils ne font ces manœuvres que pour faire diversion et pour pouvoir brûler à leur aise, et peut-être nous attaquer. Ils m'ôtent une belle épine du pied de ne pas monter le Richelieu. A midi M. de Montcalm me marque que les Anglois passent tous du Sault à l'Ile-d'Orléans. On tire dessus le 24 qu'on avoit mis dans la redoute ; mais ils s'embarquent plus bas. On dégarnira aujourd'hui notre gauche.

XLI

Quartier général, 4 septembre 1759.

J'ai reçu la lettre que vous m'avez fait l'honneur de m'écrire le 30 du mois dernier.

Je vous suis sensiblement obligé des nouvelles de vos opérations dont vous voulez bien me faire part. Vous trouvez, Monsieur, le moyen d'assurer cette frontière ; c'est un grand point dont le Canada doit vous avoir grande obligation. Il est à présumer, suivant la déposition du prisonnier que vous avez fait faire et que vous avez eu la bonté de m'envoyer, que les Rapides ne seront pas attaqués cette année. J'espère la même chose du côté de l'Ile-aux-Noix, tant par le rapport des derniers prisonniers faits dans cette partie que par les lettres interceptées sur deux officiers envoyés par M. Amherst au général Wolfe. J'avois eu l'honneur de vous en rendre compte, et j'avois adressé ma lettre à Mme Péan. Elle me marque ne vous l'avoir pas fait passer, ayant ignoré le dernier courrier que M. de Rigaud vous a expédié.

Mais ce qui m'embarrasse le plus, ce sont les vivres. Il en faut à votre armée et à celle du lac Champlain au 1er octobre, et à celle-ci au 15 de ce mois. Je ne peux réussir à faire donner du monde à M. Martel pour faire battre ; je m'en lave les mains, je suis en règle. Il lui faudroit trois cents hommes en sus de ceux qu'il a ; et encore je doute qu'on fournisse avec. J'ai engagé Monsieur le général de les tirer de l'Ile-aux-Noix ; à savoir s'ils viendront.

Les Anglois évacuèrent hier matin entièrement le Sault. Dans la crainte qu'on ne tomba sur leur arrière-garde, ils firent tenir leur armée dans les berges, au milieu du fleuve et à la Pointe-de-Lévis ; nous vîmes qu'ils n'en ont que cent cinquante, tant grandes que petites ; de sorte qu'ils firent leur retraite fort tranquillement. Ils ont repris leur ancien camp à l'Ile-d'Orléans, vis-à-vis le Sault, et deux mille hommes ou environ ont été camper sur les hauteurs de la côte du Sud, vis-à-vis la Canardière. Ils ont augmenté leurs batteries sur la ville de plusieurs pièces de canons, pour battre le quartier du Palais qui n'est pas encore ruiné. Ils tirent plus que ci-devant.

M. le marquis de Montcalm a diminué de beaucoup la gauche et a renforcé la droite. Les navires anglois sont mouillés à Saint-Michel au nombre de dix-neuf, tant frégates que bateaux et goélettes. J'avois craint qu'ils n'eussent voulu se placer au delà du Richelieu, et, en ce cas, ils coupoient notre communication avec Montréal. Ils ne la coupent encore que trop, parce qu'il faut tout faire venir par terre de la Pointe-aux-Trembles ici, et les charrettes ne peuvent y suffire. J'espère néanmoins qu'en prenant de tous côtés, notre armée se soutiendra.

Honorez-moi, je vous prie, d'un peu de part dans votre souvenir. Je ne compte vous la demander de vive voix qu'à la fin du mois prochain; car je ne me flatte point que les ennemis partent avant le 10 ou 15 octobre.

XLII

8 septembre 1759.

J'ai reçu la lettre dont vous m'avez honoré le 6. Je suis charmé de vous savoir de retour en bonne santé. Je vois que vous vous préparez à aller à l'Ile-aux-Noix.

Je vous suis sensiblement obligé des trois cents hommes que vous avez accordés à M. Martel pour le battage des grains. J'espère qu'avec ce secours il fera faire face aux besoins du service. Nous avons grand besoin ici d'un renfort en farine ; car la troupe n'a que trois quarterons de pain ; ce qui la confirme dans le droit qu'elle s'étoit attribué de tuer bœufs, vaches, cochons et volailles, et de prendre les pois et autres légumes. Tout le voisinage à présent, à deux lieues à la ronde, est ravagé. Tout va au mieux aux Rapides, à ce qu'il paroît, et il en sera de même à l'Ile-aux-Noix. Je suis tranquille à présent pour ces parties : vous les avez vues.

Vous aurez appris qu'il a encore passé la nuit dernière devant la ville quatre bâtiments, dont une frégate portant du 8. Ils ont à présent, au-dessus de

Québec, vingt-deux bâtiments; ils sont tous mouillés au Cap-Rouge, hormis que la marée d'après-dîner ne les fasse monter. Il vente nord-est, et s'ils n'en profitoient pas pour monter le Richelieu, ce seroit une marque qu'ils ne veulent faire qu'une diversion pour brûler à leur aise en bas. Si, au contraire, ils montoient le Richelieu, il n'est point douteux qu'ils ne battissent nos frégates, et pour lors ils pourroient percer; ce qui donneroit bien de la tablature. M. Vauquelin a ordre de couler des bâtiments au-dessus du Richelieu, dans l'endroit qu'il jugera le plus étroit et le plus avantageux pour cette opération. Sans cela, ils gagneroient les Trois-Rivières, et nous aurions de la peine à les suivre par terre, tant à cause de la marche que des vivres, dont ces pays-là sont dénués. Voilà tout ce que je crains. Il y a sur ces vingt-deux bâtiments deux à trois mille hommes de troupes.

M. Le Mercier m'a fait part des abus qu'il y avoit dans les postes que vous avez vus et du remède pour les supprimer. Je vous en suis sensiblement obligé.

XLIII

Au quartier général, le 11 septembre 1759.

J'ai reçu la lettre dont vous m'avez honoré le 7 du courant.

Je vous rends bien des grâces des secours d'hommes que vous voulez bien donner à M. Martel pour le battage du blé. Vous en connoissez, Monsieur, la conséquence. C'est ce qui me tranquillise un peu ; car les pluies qui règnent depuis longtemps me donnent de grandes inquiétudes. Elles empêchent le blé de mûrir dans notre gouvernement. Si j'avois pu en avoir une certaine quantité, il auroit bouché le vide que la position des ennemis, depuis la Pointe-aux-Trembles jusqu'à Sillery, peut nous procurer. Nous ferons ce que nous pourrons, pour nous faire parvenir par eau ces secours jusqu'au camp ; mais ils coûteront bien des risques, la rivière étant étroite vis-à-vis Sillery, surtout à mer basse. Toutes les charrettes sont rompues, depuis Québec jusqu'au Cap-de-la-Madeleine, et les chevaux ruinés, depuis qu'on a fait des transports de Jacques-Cartier à Québec ; de sorte qu'il ne nous est plus possible d'en faire faire par terre.

Je pense bien différemment que vous sur le départ des Anglois ; je compte qu'ils seront encore ici le 15 octobre. J'aimerois bien à me flatter ; mais je ne le peux.

J'écris, Monsieur, à M. de Maurepas sur l'affaire de Mme Chabert, et je lui marque de surseoir toute poursuite. Vos recommandations me seront toujours chères, et je les regarderai avec plaisir comme des ordres. Nous n'avons d'ailleurs rien de nouveau ; les batteries de devant la ville font feu plus que jamais. Ils en veulent beaucoup au Palais et à mon quartier ; il y entre quantité de boulets, et les bombes veulent bien ne tomber que tout autour. La maison de Mme Péan en a enfin reçu une hier. Elle tomba dans la petite allée de sa chambre à coucher, et elle fracassa toutes les armoires et les cristaux de table. M. Daine, qui se trouva dans la chambre à côté, eut une belle peur. Ma maison ne désemplit pas, au camp, de femmes avec leurs enfants qui meurent de faim.

BIGOT.

P. S. — M. Martel doit vous demander du monde, outre les trois cents hommes, ou, s'il y a assez d'habitants du gouvernement de Montréal retirés chez eux, leur ordonner de battre sur-le-champ de leur grain. Les trois cents derniers hommes ne suffiroient pas ; car il faut battre dans tout octobre pour les deux armées d'En-Haut et celle-ci, pour les garnisons d'hiver et pour trois mois à la ville de Québec.

XLIV

A la Pointe-aux-Trembles, le 15 septembre 1759.

J'ai été bien mortifié d'apprendre qu'on craignoit pour les Rapides. J'appréhende fort que, jugeant que votre présence y est nécessaire, vous y restiez. Comment feroit-on à Jacques-Cartier où l'armée se retire ? Je vois déjà des incertitudes pour y rester. On préfère Batiscan, c'est-à-dire plusieurs officiers ; car le chef n'a pas prononcé, puisque M. de Pontleroy est parti de grand matin pour aller le reconnoître et le local et y faire ou tracer les ouvrages nécessaires. Votre présence feroit ici un grand effet, et d'autant plus que l'armée va manquer de ce qui pourroit être nécessaire, outre la vie. Tout a resté dans les magasins de Québec, et ceux de Montréal ne sont pas garnis. J'ai prévenu ces messieurs, qui tous ont été réunis pour se retirer à Jacques-Cartier, que la saison avancée exigeroit des tentes et canonnières et autres choses indispensables, qu'ils crieroient quand tout cela manqueroit. Ils ont dit que non ; je le souhaite.

N'auriez-vous pas pensé, Monsieur, comme moi, qu'il auroit été mieux de rassembler tous les corps de M. de Bougainville, qui étoit l'élite des troupes et des milices, faire sortir tout de la ville, à la réserve de l'artillerie et des éclopés, et donner sur l'ennemi à la pointe du jour, si on n'avoit pu le faire dès le jour même ; vous auriez formé dix mille hommes au moins contre trois ou quatre. Il y auroit eu bien du malheur si vous ne les eussiez pas battus. J'ignore ce que M. de Vaudreuil vous marque, étant venu coucher plus loin que lui pour me reposer ; il y avoit quarante-huit heures que je n'avois dormi. Je vais le rejoindre.

M. de Montcalm mourut hier matin à ce que m'a assuré hier au soir M. Johnstone qui vouloit aller au-devant de vous. Je l'en ai empêché, disant qu'il n'étoit pas sûr que vous vinssiez.

XLV

A Montréal, le 2 octobre 1759.

Je viens d'arriver et je profite de la première occasion qui se présente pour vous renouveler les assurances de mon attachement. J'ai su dans ma route d'où provenoit le peu de volonté de la part de certains habitants pour livrer et battre leur blé. Elle a été occasionnée par la nouvelle que le P. Béré, récollet, qui porta les lettres de la prise de l'officier anglois à la Présentation avoit répandue *. Il dit aux habitants que les ennemis perçoient par les Rapides, et ces habitants, se croyant déjà aux Anglois, regrettoient leur blé, pensant que les François ne le paieroient pas. En les menant un peu ferme, ils exécuteront sûrement nos ordres. Je vais prendre connoissance de notre situation pour les farines, afin que notre armée n'en manque pas.

Il ne paroît pas de mouvement en haut.

XLVI

A Montréal, le 4 octobre 1759.

J'ai reçu la lettre dont vous m'avez honoré le 30 du passé.

J'ai, en effet, trouvé en chemin plusieurs habitants du gouvernement de Québec qui retournoient chez eux. M. de Rigaud les a renvoyés, touché de leur situation et dans l'espérance ou comptant que les ennemis ne perceront pas ; guerre et pitié ne s'accommodent point. La saison heureusement avance, et il paroît, par

---

* Le P. de Bérey.

la dernière découverte faite à la Présentation, que les ennemis ne tenteront rien cette année de ce côté-là. Vous en aurez été informé. L'Ile-aux-Noix ainsi que le fort Lévis vont être approvisionnés. Il part demain des bateaux de Lachine, et je vais rendre une ordonnance pour faire battre pour votre armée.

M. de Vaudreuil ne pense pas qu'il soit nécessaire de garder des frégates pour le printemps prochain. Nous en garderons néanmoins, malgré nous, deux du Roi : une qui est aux Trois-Rivières et l'autre ici. La première a besoin d'être visitée et elle n'a pas de vivres, et la dernière est sans matelots et sans vivres.

Je me charge de faire punir sévèrement les entrepreneurs des Anglois à Québec.

M. de Rigaud est si piqué contre M. de Vaudreuil, au sujet de votre commandement, qu'il s'est retiré de chez lui et a été loger chez Feltz. Je travaille à lui faire entendre raison là-dessus, ce qui n'est pas aisé, et à le faire revenir chez Monsieur son frère.

Quoique je ne fasse point rentrer cette année de papier pour convertir en lettres de change, n'en ayant pas le temps, cette opération exigeant près de deux mois et demi et le trésorier n'étant pas encore ici, si vous en aviez besoin, chargez quelqu'un ou moi-même de vos petites affaires. Mais j'ai l'honneur de vous prévenir qu'excepté à vous, je ne donnerai point à l'état-major d'autre terme pour leurs lettres de change que celui prescrit ; je serois désapprouvé. Je vous parle de cela, parce que j'entendis dire au major général que, puisque les bataillons avoient eu dix mille livres du premier terme, il devoit en avoir au prorata. Mais il n'a pas fait attention que ces appointements avoient augmenté, et non ceux des officiers des bataillons.

Je vous souhaite une parfaite santé.

BIGOT.

P. S. — Mme Péan me charge d'avoir l'honneur de vous faire mille compliments de sa part.

XLVII

Montréal, le 5 octobre 1759.

J'ai reçu la lettre que vous m'avez fait l'honneur de m'écrire le 1er de ce mois. Vous ne devez point douter que je ne fasse tout ce qui dépendra de moi pour obliger Messieurs les officiers de terre ; je vous prie d'en être persuadé.

Les hardes et effets que la cour m'a envoyés de France cette année, sont heureusement à Montréal, où je les fis passer à leur réception ; mais il n'y a que cinquante habillements par bataillon et, en outre, des effets pour les officiers. Je ne toucherai ni à l'un ni à l'autre que lorsque vous le jugerez à propos.

On va mettre dans le bateau de M. Cadet les herminettes, ciseaux de charpentiers et autres ferrailles et outils qu'on a demandés et qui n'ont pu encore être envoyés.

L'affaire de Saint-François est bien malheureuse ; il en est arrivé ici un sauvage et une sauvagesse blessés ;

on n'en sait pas encore les particularités. Si le détachement de M. de Bourlamaque ne s'amuse pas à l'avant-garde que les ennemis enverront devant eux, le parti devroit périr.

BIGOT.

P. S. — Je marque à M. Querdisien de revenir ici sous peu de jours, hormis que vous n'en eussiez besoin. Je compte que les vivres sont à présent en ordre ; vous vous étiez donné assez de mouvement pour cela. Lorsque ce commissaire sera parti, je vous prierai de vouloir bien nommer quelqu'un pour ordonner au garde-magasin la délivrance des vivres, si vous ne voulez pas signer vous-même les billets. Je voudrois faire connoître à ce commissaire le service de l'automne. S'il vous étoit utile, ce seroit partie remise.

XLVIII

Le 6 octobre 1759.

J'ai reçu la lettre que vous m'avez fait l'honneur de m'écrire du 2, avec l'état de demande de M. de Caire. On va y faire travailler, et on enverra ce qui se trouvera de fait.

M. de Vaudreuil, à son passage aux Trois-Rivières, convint avec M. de Longueuil, qu'on pouvoit se passer d'enclore de pieux la ville ; la difficulté qu'on auroit eu d'en avoir auroit rendu la chose impraticable pour cette année.

Nous attendons la réponse à la lettre que vous avez écrite à M. Monckton depuis l'arrivée de M. de Bougainville, pour faire partir les deux goélettes. Le plus tôt retirer les bagages ne sera que le mieux. M. Bernier s'acquittera à merveille des commissions dont vous le chargerez. Ils se sont méfiés de M. de Bougainville, attendu que c'est un militaire, et ils ont cru qu'il venoit plutôt voir ce qui se passoit que traiter l'échange des prisonniers.

Je sais la difficulté de trouver des vivres aux Trois-Rivières comme partout ailleurs. Je n'en aurois pas accordé à M. de Pontleroy dans cette ville, s'il n'y eût pas été employé pour le service. Dans cette qualité, je lui ferai continuer ses rations comme à l'armée jusqu'à la sortie de la campagne ; je vais l'écrire à M. Tonancour.

Je donnerai un ordre au trésorier pour ne pas payer le bon donné à Messieurs de Guyenne et la Sarre sur les six mille livres qui étoient à la disposition de M. de Montcalm.

XLIX

Le 6 octobre 1759.

M. de Vaudreuil est décidé à faire hiverner ici les quatre bâtiments du Roi, dont les deux frégates qui sont aux Grondines sont du nombre. J'ai envoyé un Dussault pour juger de l'endroit de leur hivernement ; aussitôt qu'il aura fait son opération, il m'écrira, et

M. de Vaudreuil donnera l'ordre aux deux frégates du Roi de monter, et elles seront remplacées par deux du munitionnaire.

M. de Vaudray, à ce que me marque M. Querdisien, prétend qu'on a volé les effets qui sont venus pour Messieurs les officiers de terre, l'année dernière. S'ils l'ont été, cela ne peut être que par Messieurs les majors, puisque c'est sur leur billet, conformément à la distribution faite par M. le marquis de Montcalm, qu'ils ont été délivrés. Les reçus de ces messieurs subsistent et il ne me viendra jamais en idée que ce soit...mais une sottise est bientôt lâchée. M. Querdisien me marque que vous avez eu la bonté de lui dire que vous en parleriez à ces officiers; je vous en suis obligé. Si M. de Pontleroy m'eût donné un état des outils qui lui étoient nécessaires et de bien d'autres articles, lorsqu'il a été question de bâtir le fort de Jacques-Cartier, on auroit eu le temps de les faire faire, au lieu qu'ils ne pourront parvenir pour le présent qu'en partie; ce qui retardera les ouvrages.

L

Le 10 octobre 1759.

J'ai reçu les deux lettres que vous m'avez fait l'honneur de m'écrire le 5 du courant et une du 7.

On a bien de la peine à faire faire quelque chose aux habitants de ce gouvernement; j'espère cependant y réussir. J'ai fait partir aujourd'hui le sieur Réaume pour faire battre du blé pour votre armée.

Personne ne seroit plus porté que moi à rendre tous les services qui pourroient en dépendre, et de faire les petits plaisirs, qui sont souvent des plus indifférents au service, à Messieurs les officiers de terre. Mais j'ai reçu des lettres de la cour au sujet de la finance, que je n'ai lues que depuis peu, dont sûrement j'exécuterai la teneur. Elles sont si dures que je ne peux douter que, sur les projets qu'on lui envoya l'année passée de changer la forme, on ne lui ait marqué que j'en mettois dans la poche autant que j'en voulois. Le projet est pitoyable, et celui qui l'a donné n'entendoit pas mieux cette partie que la cour. Mais comme on fait parler le Roi, qui m'ordonne de n'avoir de complaisance pour personne, trouvez bon que l'état-major ne soit pas mieux partagé pour les lettres de change que les particuliers. Je suis mortifié, je vous assure, d'être obligé de vous refuser.

M. de Vaudreuil m'a fait voir toutes les pièces que vous lui avez adressées au sujet des affaires traitées par M. Bernier. Il ne seroit pas éloigné, à ce qu'il m'a paru, d'entrer en pourparler de la tranquillité dont M. Destor vous avoit parlé, supposé que cela vînt d'eux.

Je vais chercher les deux plus grandes goélettes pour les équipages des officiers, et elles s'arrêteront chez vous pour prendre vos ordres.

M. de Vaudreuil a refusé le passage à des particuliers d'ici ; je lui avois dit, le même jour que j'arrivai, que tous ces passages ne convenoient pas, que du moins je le pensois de même.

Un chacun à Québec pense à raccommoder ses affaires et peu aux intérêts du Roi et à ceux de la colonie. Nous aurons soin d'eux lorsque l'occasion se présentera. Cadet va envoyer d'autres personnes à Québec ; mais elles feront la même chose. Je crois que lorsqu'elles y seront, elles seront enchantées des Anglois comme les autres.

J'ai l'honneur de vous souhaiter une bonne santé et de vous assurer du respectueux attachement avec lequel j'ai l'honneur d'être, etc.

BIGOT.

P. S. — Mme Péan vous fait mille compliments. Je suis charmé que le dépôt de poudre de Charlesbourg ait été enlevé par vos ordres. Je l'ai dit à M. Le Mercier.

J'ai fait payer ce que vous souhaitiez pour Mme de Saint-Rome.

LI

Montréal, le 12 octobre 1759.

La saison avance ; il faut penser à former les logements, dans les campagnes, des bataillons. Pour pouvoir les asseoir, il conviendroit que je fusse informé du nombre d'officiers et de soldats qu'il y aura dans chacun. Le plus tôt, Monsieur, sera toujours le mieux.

Nous n'avons rien de nouveau. Ma maison est assaillie par la quantité du monde qui rapporte du papier. Québec avoit eu grand soin d'envoyer d'avance le sien.

LII

Montréal, 13 octobre 1759.

Je réponds à la lettre que vous m'avez fait l'honneur de m'écrire dernièrement. M. de Vaudreuil m'a communiqué les lettres que vous lui adressez de M. Bernier et celle de M. Monckton. Il n'est point douteux que ce ne soient les allées et venues des négociants qui instruisent les Anglois, et que ce ne soient eux qui leur donnent les lumières, tant pour les faire hiverner que pour faire vivre le peuple; ils leur disent la façon de s'y prendre. Il faudroit que M. Bernier sût le nom de celui qui a porté au général anglois les lettres des deux officiers prisonniers à Batiscan; je le prie de s'en informer. Tous les François qui sont à Québec cherchent à faire leur cour pour se procurer des aisances. Je le connois parce que ces négociants me le répètent eux-mêmes.

M. de Vaudreuil répond à M. Monckton qu'il laisse l'affaire du 13, par rapport aux blessés qui sont à l'hôpital et qu'il dit être prisonniers en litige; les cours en décideront; qu'il renverra à M. Amherst tous les prisonniers, et qu'il lui renvoie M. Figuiéry et M. de Braux. Il avoit déjà écrit à M. Saunders, en le prévenant qu'il lui renvoyoit les deux jeunes garde-marine.

Il est bientôt temps de penser au renvoi de tous les prisonniers par Carillon, sans quoi nous recevrons très tard les nôtres, ou nous ne les recevrons point du tout. Sous quinze jours, il n'y aura, quant aux propositions d'une trève...... *. Je travaille à connoître bien notre situation pour l'hiver, tant pour les vivres que pour les vêtements et les armes; car l'un est aussi nécessaire que l'autre dans cette saison. M. de Vaudreuil et vous jugerez là-dessus le mal que vous pouvez faire à l'ennemi, et s'il sera comparable au bién que vous retirerez de laisser reposer vos habitants et de soulager le gouvernement de Montréal, en envoyant consommer les vivres de la côte du Sud d'en bas, pour que les Anglois n'en profitent pas. Les curés se font d'avance un grand plaisir dans cette côte de vendre leur dîme en argent aux Anglois ; il y en a qui me l'ont dit. Il est sûr que tout le gouvernement de Québec se fait une fête de pouvoir leur vendre quelque chose pour de l'argent comptant.

Au surplus, la proposition de la trève est une affaire délicate et qu'il faut peser. Votre valet de chambre travaille à vous faire accommoder la maison de M. de Montcalm ; je lui ai donné les ordres qu'il m'a demandés.

BIGOT.

P. S. — Je pense bien que dans les conventions de trève les Anglois regarderont tout le bas à eux. M. Cadet donne ordre à Miot de faire une levée, suivant notre ancienne ordonnance, de bestiaux pour votre armée ; mais il faut la diminuer considérablement, sans quoi elle mourra de faim ; et je ne vois pas trop com-

* Cette phrase est incomplète dans le manuscrit.

ment pourra subsister, pendant l'hiver, la garnison de Jacques-Cartier et l'avant-garde ; le tout devant former mille hommes. Je regarde cela impossible, par le compte des bestiaux que je viens de me faire rendre. Il n'y a pas une livre de lard. Je vais en parler à M. de Vaudreuil. Nous aurons assez de vêtements ; on les enverra pour ceux qui devront passer l'hiver.

LIII

Montréal, 15 octobre 1759.

Je n'ai reçu que hier la lettre que vous m'avez fait l'honneur de m'écrire le 10.

Les deux goélettes n'attendent que le vent pour partir. Elles sont prêtes depuis plusieurs jours. Il est à souhaiter que nos équipages soient retirés avant qu'ils apprennent qu'on ait fait quelque coup sur eux.

Je vous ferai rendre à Jacques-Cartier les équipements, lorsque vous jugerez que la campagne sera à la veille de commencer.

LIV

Le 16 [octobre 1759], à 9 heures du soir.

Voilà enfin les Anglois en mouvement, et nous avons perdu nos chebecs qui se sont coulés, et il est à craindre que l'équipage périsse en s'en retournant par le chemin qu'ils ont pris. Monsieur le général donne les ordres pour faire marcher tout le monde, qui ne montera pas haut : quinze cents hommes en feront l'affaire ; mais ce sont les vivres qui nous manqueront le plus. J'ai vu par moi-même la mauvaise volonté des habitants pour battre et livrer leurs bœufs, et cela à l'exemple de la gentilhommerie et des officiers qui crioient comme des diables qu'on prenoit leurs bœufs. Je leur ai toujours cité le gouvernement de Québec qui n'a jamais dit mot. Je fais toujours enlever. Je vais faire chercher demain toutes les farines de la ville ; je montre l'exemple, car j'en donne vingt quarts que j'avois sauvés du Palais.

Voici pour le coup le dénouement du Canada. Dieu veuille que nous ne fassions pas quelque quiproquo ! Il seroit à désirer que cette nouvelle ne perçât à Québec qu'après le départ des vaisseaux. Je suis d'avis de retarder les goélettes. Montréal est plein de gens de Québec qui vont et qui viennent ; vous ne les laisserez sûrement pas passer.

BIGOT.

P. S. — Ordonnez, si vous voulez bien, à M. Vauquelin de ne point laisser passer de bâtiments. Je sais qu'il y a de petits bâtiments de Batiscan qui vont à Québec et passent la nuit devant Jacques-Cartier ; ils y portent des provisions.

LV

Montréal, le 21 octobre 1759.

J'ai reçu les deux lettres dont vous m'avez honoré les 18 et 19.

Vous devez recevoir aujourd'hui, si vous ne l'avez pas déjà reçu, deux cents sacs de farine ; et il en partira demain deux mille minots de Terrebonne. Il nous en faut tant de tous côtés que nous avons bien de la peine à fournir ; l'habitant est malade ou est à la guerre, et comment faire battre ? Cela est presque impossible. Il faut cependant en venir à bout ou abandonner tout. Nous sommes dans une mauvaise situation, et on ne le pensera pas en France, parce qu'on y ignore que l'habitant fait la guerre et que, pendant ce temps-là, il ne travaille pas pour se nourrir.

Il est grand temps que le gouvernement de Montréal arrive ou, pour mieux dire, le bataillon de la ville. Dieu veuille qu'il ne soit pas malade à son arrivée, comme les habitants de la campagne ! Ils le sont presque tous, et M. de Bourlamaque n'a pas reçu un homme de cinq cents qu'il demandoit et qui avoient ordre de se rendre. M. de Vaudreuil craint plus pour ce côté-ci que pour Jacques-Cartier, et il vous écrit en conséquence. Ce qu'il y a de sûr c'est que M. de Rigaud ne peut avoir de quoi former son camp ; il ne s'est pas rendu cent cinquante hommes depuis quatre jours ; tout le monde est malade. Montréal pris, tout est dit. Il n'en seroit pas de même de Jacques-Cartier, et cela ne nous empêcheroit pas de passer l'hiver à Montréal.

M. Denel nous assura qu'il avoit vu embarquer des troupes de terre.

Si les ennemis ne percent pas par les Rapides, lorsqu'ils attaqueront l'Ile-aux-Noix ou qu'ils viendront par terre pour la tourner ou pour se rendre à la Prairie, je doute qu'ils réussissent, surtout si nous avons eu le temps de faire monter deux frégates du munitionnaire dans la rivière de Chambly. Le *Colibri* s'y rendra demain bien armé.

Il arriva hier au Sault soixante-dix hommes des chebecs, épuisés de fatigue et de faim. Les autres étoient dispersés dans le bois ; on a envoyé au-devant. La goélette commandée par Saint-Onge est revenue à l'Ile-aux-Noix.

BIGOT.

P. S. — Peut-être que Selleri vous trouvera en chemin. Mme Péan me charge d'avoir l'honneur de vous faire bien des compliments de sa part.

Nous n'avons tout au plus de bateaux ici que pour le courant du service ; ils sont tous à Chambly et à Saint-Jean ; et où prendre du monde pour vous les envoyer ? On ne peut y penser qu'après cette affaire finie. Cadet a envoyé du sel à Jacques-Cartier, mais en petite quantité. J'écris à M. Tonancour de faire ramasser les bateaux ; je l'en avois déjà prié.

LVI

Le 22 octobre 1759.

Malgré toutes vos précautions, Québec sera informé du mouvement de M. Amherst. Nous n'avons pas eu de nouvelles de M. de Bourlamaque aujourd'hui. Nous sûmes hier que quinze ou vingt berges s'étoient approchées de l'Ile-aux-Noix, à portée et demie de canon. Le monde ne se rassemble pas et nous sommes fort heureux que M. Amherst n'aille pas plus vite en besogne. Je croirois pour peu qu'il ne veut que se montrer et prendre des connoissances, ou qu'il est sûr du beau temps. Si nous avions quelques soldats à envoyer dans les paroisses, il n'y auroit pas tant de maladies prétextées ; il n'y en a pas un dans Montréal, ni sergent et encore moins d'officier.

M. de Vaudreuil persiste à vous demander du monde, dans la crainte que M. Amherst fît quelque portage et laissât l'Ile-aux-Noix ; car, s'il en entreprenoit le siège, le mauvais temps le prendroit sûrement et il seroit obligé de l'abandonner.

Vous aurez de la peine à finir votre fort pour les établissements, faute de madriers et de planches.

Il n'est point douteux que votre présence est nécessaire à Jacques-Cartier, et que, si l'ennemi savoit que vous n'y êtes plus, il jugeroit l'armée très foible. On voudroit vous avoir partout, mais cela n'est pas possible.

Je compte qu'il y aura assez de vivres aux Trois-Rivières pour le passage des troupes et Canadiens que vous nous envoyez, supposé que M. Amherst n'ait pas fait prendre les farines qui sont au Cap-de-la-Madeleine.

J'aurai soin que votre maison soit prête à vous recevoir.

M. le marquis de Vaudreuil m'a dit que vous avez bien fait de retenir les bœufs de M. de la Gorgendière.

Les goélettes parties de Jacques-Cartier, il n'y aura plus à douter que les Anglois ne sachent le mouvement de M. Amherst, ils le sauront même plus vite... *(le reste est incompréhensible).*

Je ne vois pas trop comment vous nous ferez passer le bataillon que M. de Vaudreuil vous demande. Aurez-vous assez de bateaux ? Quand ces troupes auront été à leur destination, il faudra bien nous en renvoyer les bateaux. Si une partie vient par terre, je ne sais si vous aurez des souliers françois à leur faire donner.

BIGOT.

P. S. — Mme Péan a l'honneur de vous faire mille compliments. M. de Malartic a été faire la revue des logements dans les quartiers ; il en formera un rôle qu'il me rapportera ; il mettra bien cette partie en règle tout seul ; je n'avois personne à lui donner pour faire pour moi.

LVII

Montréal, le 23 octobre 1759.

Vous verrez par la lettre d'hier de M. de Bourlamaque que les Anglois ont descendu, suivant le rapport des sauvages, à deux lieues au nord au-dessus de l'Ile-aux-Noix. Perrot prétend avoir visité le lieu où ils sont, et qu'il y a un petit bateau qui mène jusqu'à la prairie de Boileau, plus bas que notre île, et que le portage est beau. Il paroît aussi qu'ils voudroient venir par la rivière du Sud. Il y avoit, le 21, vingt berges ou gros bateaux. S'il y avoit du monde à nous dans cette partie, il n'y auroit rien à craindre; mais il ne s'y est pas encore rendu un homme. J'envoie demain à Berthier cinq bateaux pour passer les premiers cinq cents hommes à Sorel; car, s'ils se rendoient ici, on n'en retireroit peut-être pas deux cents. Il est fâcheux que nous manquions de bateaux; ils sont tous à Saint-Jean et il y en faut beaucoup en cas de besoin. Les ennemis n'attaqueront pas l'Ile-aux-Noix; leurs gros vaisseaux ne se sont pas embossés devant Québec; comment des *craquelins* se présenteront-ils devant de pareilles batteries ?

Il y a des découvreurs du côté de la rivière Chazy et Châteauguay.

M. de Laubara est arrivé avec les vingt montagnards écossois et un officier. Les soldats, dont il y en a deux qui servoient pour le *Prétendant*, disent que l'on doit laisser l'Ile-aux-Noix et faire des portages au nord et au sud. L'officier a parlé à Stobot qui avoit été pris à la fin d'août par un corsaire dans le golfe; il le fit passer pour un boucher de l'armée; on lui donna et à d'autres un petit canot, et il fut à Louisbourg et, de là, remettre les lettres à M. Amherst. Je suis persuadé que M. Wolfe le prioit de faire quelque mouvement; car à quoi bon de le lui envoyer ? Il auroit peut-être voulu faire diminuer l'armée de Québec. Stobot est embarqué dans le brigantin de vingt-deux canons. M. de Laubara prétend qu'il y a assez d'eau depuis l'Ile-aux-Noix pour faire naviguer de grosses frégates.

BIGOT.

P. S. — Mme Péan a l'honneur de vous faire mille compliments.

Il devoit partir aujourd'hui de Terrebonne deux mille minots de farine pour vous. Nous manquerons de vivres, cela ne peut être autrement : on ne bat point. Quand j'aurai ici de vos soldats, je les emploierai avec des sergents pour courir la campagne.

Par tous les interrogatoires qu'on a faits, l'armée est de sept mille hommes au moins, et elle compte être jointe par celle des Rapides ou, pour mieux dire, de Chouaguen. Celle d'Amherst est en marche depuis le 11. Il y a une uniformité générale sur son départ. Si elle poursuit sa destination, Montréal court bien des risques ; car on n'est pas zélé comme au commencement de la campagne. Il est fâcheux que vous soyez obligé de demeurer où vous êtes.

Pour moi, je pense que Montréal ne seroit en risque qu'autant que les Anglois perçassent les Rapides ; ce qui n'arrivera pas, à ce que j'espère. Mais, supposé que cela arrivât, je serois d'avis qu'à la dernière extrémité et après tout forcé, on ne capitule que pour Montréal, et que M. de Vaudreuil et moi nous nous retirassions à Jacques-Cartier. Je lui en parlai hier. Le manque de vivres le fait balancer ; mais, si je pouvois en avoir jusqu'en février à deux ou trois mille hommes, cela pourroit s'exécuter, et ce seroit suffisant, parce que l'Europe ne sauroit notre reddition qu'au printemps, temps auquel on auroit dû avoir fait la paix. J'en parlerai aujourd'hui à Cadet. Je crains que nous ne puissions pas faire cet approvisionnement ; Saint-Jean et l'Ile-aux-Noix vont nous consommer tout, et si je pouvois avoir une goélette, j'emporterois les effets en étoffe du magasin. Ceci est une idée de vous à moi, je vous prie.

Les montagnards écossois vont si bien dans le bois, que ce sont les vingt prisonniers de M. de Laubara qui ont sauvé tout le monde, qui ne pouvoit ni marcher ni passer les différents ruisseaux ; ils se seroient noyés la plupart sans eux, et l'officier de ces montagnards m'a dit que, s'il avoit voulu, il auroit détruit tout le monde dans le bois.

De Laubara en convient presque.

LVIII

Montréal, 25 octobre [1759].

Vous verrez par les nouvelles que vous recevrez par M. le marquis de Vaudreuil, qu'il n'y a plus rien à craindre du côté des Rapides, puisqu'il n'y a plus que quatre ou cinq cents hommes à Chouaguen ; que Johnson est retiré chez lui et qu'il a envoyé un collier à la Présentation, pour inviter les sauvages à venir traiter au printemps à Chouaguen.

La prétendue armée angloise s'est retirée du lac Champlain ; car on ne sait plus où elle est. M. de

Vaudreuil va faire rester chez eux les quatre cents derniers hommes du gouvernement de Montréal pour battre. Nous sommes au moment de manquer de farine et, si, dans les premiers jours de novembre, il ne paroît rien sur le lac Champlain, il sera fort bien de faire retirer des habitants chez eux.

J'ai encore écrit après-dîner à M. La Morandière, pour faire finir le raccommodage de votre maison, que vous alliez revenir. Le commandement général qu'on a fait a sans doute donné lieu à la plainte que votre maître d'hôtel a faite, que cela n'avançoit pas. La goélette chargée de farine pour chez vous n'est partie qu'aujourd'hui de Terrebonne. Elle a eu des contretemps pour son chargement.

BIGOT.

P. S. — Mme Péan qui est très aise des bonnes nouvelles des Rapides, vous fait bien des compliments.

Marquez-moi, je vous prie, combien il vous faudroit de bateaux pour envoyer vos troupes en quartiers ; ce sera une longue opération. Il faudra faire commander du monde pour vous conduire ces bateaux.

LIX

Montréal, 27 octobre 1759.

J'ai reçu hier au soir la lettre que vous m'avez fait l'honneur de m'écrire le 24. Vous êtes à même, à présent, de savoir que les Anglois n'ont pas poursuivi leur dessein de pénétrer, supposé qu'ils l'aient eu. On a vu hier de la rivière Chazy leurs navires à la voile qui s'en retournoient. M. de Vaudreuil va faire revenir le monde, d'autant mieux que nous n'avons pas de farine pour l'Ile-aux-Galops ; cette aventure-ci nous l'a consommée. Les habitants s'étoient enfin rangés au camp de M. de Rigaud. Je vais les faire battre, aussitôt qu'ils seront rendus chez eux. Les bataillons de Royal-Roussillon et de Guyenne entreront, moyennant cela, plus tôt en quartiers d'hiver.

Il est sûr que nous hivernerons en Canada ; ce qui fera grand plaisir à la cour, et, sans la prise de Québec, nos pertes seroient peu de chose ; car nous irions dans les postes du Sud, malgré Niagara aux Anglois ; nous venons d'en recevoir des pelleteries.

Je vous souhaite une parfaite santé. Le temps de votre retour va approcher.

LX

Montréal, 28 octobre 1759.

J'ai reçu la lettre dont vous m'avez honoré du 23, avec la lettre de M. Bernier. M. Monckton doit avoir reçu une lettre de moi, au sujet de la caution qu'il exigeoit de ma part pour son déboursé de douze mille livres en faveur de l'Hôpital-Général. Je lui proposois une lettre de change sur moi-même, pour son remboursement.

Vous aurez su, à la réception de celle-ci, que tout est tranquille dans ce quartier-ci, et on va lever le camp.

M. de Vaudreuil m'a dit devoir vous écrire pour la fixation des garnisons dans les postes ; il est grand temps. Je compte que vous me ferez l'honneur de me marquer combien il faudra vous envoyer de bateaux pour le déblaiement des bataillons. Le plus tôt ne sera que le mieux, afin de faire commander du monde pour vous les faire passer, ou par ceux qui doivent hiverner à Jacques-Cartier.

La garnison de Québec sera bien forte ; je m'y attendois ; je connois les Anglois pour être très méfiants.

Tous les vaisseaux du munitionnaire passeront en France. Vous aurez la bonté de donner un ordre par écrit à M. Canon de prendre à son bord les quatre officiers ou de les distribuer sur les navires de la flotte, au moyen de quoi il sera en droit d'en demander le passage au Roi en France.

LXI

Montréal, 30 octobre 1759.

J'ai reçu hier au soir la lettre dont vous m'avez honoré le 26. Vous êtes à présent informé de la tranquillité où nous sommes. M. de Vaudreuil a donné des ordres pour faire entrer en quartiers les deux bataillons ; il va en faire autant, à ce que je crois, pour les deux compagnies de grenadiers. Je crains fort que nous ne puissions pas avoir assez de bateaux pour chez vous. Monsieur le général a marqué à M. d'Hébécourt d'en envoyer. Lorsque M. Dumas partira pour Jacques-Cartier, il les mènera. J'enverrai aussi par lui les équipements et les vivres que vous me demandez; mais, pour des poêles, il n'y en a pas un seul. M. de Bourlamaque en demande aussi pour l'Ile-aux-Noix et l'ingénieur pour le fort Lévis. On m'envoie des Trois-Rivières des plaques que l'on a fait percer aux forges, que je ferai passer à ce dernier fort, et ils feront les poêles en pierre.

Si Messieurs les commandants des deux bataillons me demandent des souliers, je leur en ferai donner. Les secours que vous avez tirés en bœufs nous soulagent; il faudra bien en tirer de la côte du Sud pendant l'hiver.

BIGOT.

P. S. — Mme Péan est très sensible à votre souvenir; elle vous fait mille compliments.

LXII

Montréal, le 1er novembre 1759.

J'ai reçu la lettre que vous m'avez fait l'honneur de m'écrire le 28.

Je vois avec grand plaisir que vous vous préparez à revenir. M. Dumas doit partir demain ou après-demain. Béarn entrera plutôt en quartiers qu'il n'auroit fait; car

M. de Vaudreuil n'en aura pas besoin. Je vais donner ordre aux Trois-Rivières pour le logement de M. de Caire.

LXIII

Montréal, 9 novembre 1759.

J'ai reçu la lettre que vous m'avez fait l'honneur de m'écrire le 5.

Je m'étois flatté que vous seriez venu à Montréal avant le départ de nos paquets pour la cour, et je vois que vous attendez M. Dumas pour quitter l'armée. Je le croyois si bien que je n'eus pas l'honneur de vous écrire par lui. Le vent de nord-est l'aura retardé. Vous aurez sans doute fait vos dépêches à Jacques-Cartier.

M. le marquis de Vaudreuil vous envoie M. Le Mercier pour prendre vos paquets. La saison est si rude qu'il n'est pas surprenant si les travaux de Jacques-Cartier n'avancent pas.

J'ai vérifié que les remèdes pour ce poste sont partis le 26 octobre par la barque l'*Assomption*, et adressés à M. Tonancour, pour les faire tenir à Jacques-Cartier; et les habillements ont été embarqués sur la barque la *Thérèse*, que le vent de nord-est retient ici.

Nous attendons à tous moments les goélettes chargées des effets de Québec. La représaille de M. Murray étoit mal placée sur des domestiques à qui il avoit permis de se rendre à Québec.

Le zèle des Acadiens pour la France est constant ; ils ont fait plusieurs prises à la mer, mais malheureusement peu de vivres.

Tous les officiers anglois partent demain pour Saint-Jean par terre, et les autres par eau ; ce sera un embarras de moins pour Montréal.

BIGOT.

P. S. — Mme Péan me charge d'avoir l'honneur de vous faire mille compliments de sa part.

LXIV

Montréal, 22 avril 1760.

Je ne serai tranquille que lorsque je saurai que vous êtes arrivé à Jacques-Cartier en bonne santé et à bon port. M. Fournerie m'a assuré que l'on ne pourroit y aborder de huit jours et encore plus difficilement en bas. Je suis bien persuadé que vous lèverez le plus d'obstacles que vous pourrez, mais à l'impossible nul n'est tenu.

Je crains fort qu'il n'y ait eu du retardement dans la marche de Languedoc, par le défaut de bateaux à Sorel. La Reine y en a pris ; il y en avoit cependant dans le bassin de Chambly quinze ou dix-huit, dont M. Duverny s'étoit servi, et quinze au fort Chambly qui étoient raccommodés. Il y en avoit suffisamment pour ce régiment, à qui il n'en revenoit que vingt-six.

J'en avois prévenu M. de Roquemaure, dont je n'ai point eu de réponse.

Je donnerai demain un bateau à M. Delbreil, qui veut vous mener les ouvriers qu'il a, appartenant aux bataillons de terre. Il emportera avec lui le plus d'attirail qu'il pourra, de la cavalerie et surtout les équipements.

Il nous a resté du bœuf et du pain des approvisionnements faits pour le départ de l'armée; j'ai donné deux grands bateaux pour les porter à l'armée, et j'ai donné ordre aux patrons de me ramener les bateaux. Je vous prie de ne pas vous y opposer; car il ne nous en reste plus.

Je fais des vœux pour que vous puissiez surprendre M. Murray, et que les bordages vous permettent de faire une heureuse descente.

M. de Montbray part demain de grand matin avec deux bateaux chargés des équipements de la colonie et des outils et autres besoins du poste. Je ne perdrai pas de vue cette partie; elle est de trop de conséquence, et je prie M. de Bougainville de me demander son urgent nécessaire, et que je l'aurai à quelque prix que ce soit, ou que cela sera impossible.

Je lui fais passer demain des raccommodeurs de canots d'écorce, des charpentiers et des matelots, et je compte que Parent est à présent en chemin pour s'y rendre avec sa brigade d'ouvriers.

J'ai l'honneur de vous souhaiter une bonne santé.

BIGOT.

P. S. — Je suis bien mortifié de n'avoir pas pensé à votre départ que j'avois des bouillons liquides en fiole.

Une fiole fait une soupe d'un pot d'eau, en la faisant mitonner ; elles sont fort bonnes. On les rend liquides en mettant la fiole dans l'eau chaude. Je vous en envoie une caisse de trois douzaines par M. Delbreil.

La goélette ne peut arriver pour prendre la chaux et tout ce que le vaisseau du Roi n'a pu prendre ; le vent d'en haut en est cause.

LXV

Montréal, 24 avril 1760.

J'ai remis à M. Delbreil la boîte aux bouillons dont j'ai eu l'honneur de vous parler ; elle n'a pu en contenir que trente-quatre fioles. Cet officier porte avec lui l'équipement de la cavalerie. J'attends la goélette de Sorel, pour vous en faire passer l'attirail qui reste ici. Il a toujours fait beau, à un jour près, depuis votre départ ; Dieu veuille que cela dure, vous en avez d'autant plus besoin que je crains beaucoup de difficultés pour descendre à terre, à cause des bordages. Nous attendons avec bien de l'impatience de vos nouvelles.

LXVI

Montréal, 2 mai 1760.

Vous venez de sauver notre pauvre colonie. Sans votre expérience, votre fermeté, et le coup d'œil prompt que vous avez pour attaquer avec avantage l'ennemi, la bataille étoit perdue : toutes les lettres que nous avons reçues le disent. Recevez-en, je vous prie, Monsieur, mon compliment qui est d'autant plus sincère que personne ne vous est plus attaché que moi.

J'espère que vous couronnerez cette journée qui vous est si glorieuse par la prise de Québec. Il faut pour cela que les secours anglois n'arrivent pas. De la façon que vous y allez, on voit bien que vous ne voulez pas qu'ils vous trouvent encore en besogne.

Mme Péan est bien sensible à votre souvenir. Elle pleure bien M. Denis qu'elle aime beaucoup ; elle ne le compte que blessé dangereusement ; et elle ignore que son frère soit mort ; elle le juge blessé légèrement ; je la préparerai à cette nouvelle pour le premier courrier.

Personne, Monsieur, ne fait des vœux plus sincères (que moi) pour votre conservation et pour un parfait succès. Outre l'intérêt de la colonie, la part particulière que je prends à ce qui vous regarde m'y engage. Honorez-moi, je vous supplie, de la continuation de votre amitié.

BIGOT.

P. S. — Vous devez avoir reçu depuis plusieurs jours la goélette où est la chaux et trois milliers de poudre. J'ai marqué à M. Landrième de vous faire voir la facture. Il y a encore quatre milliers de poudre à Lachine venus du fort Lévis.

LXVII

Montréal, 3 mai 1760.

J'oubliai hier d'avoir l'honneur de vous marquer que M. Vauquelin avoit seize mille cartouches à son bord; il est bon que vous le sachiez, quoique cela soit une petite ressource.

Je me ressouviens aussi que, lors du siège de Louisbourg, en 1745, l'ennemi nous laissa entrevoir des échelles qu'il portoit derrière un rideau, comme pour nous les cacher, et que cette vue seule fatigua beaucoup la garnison pendant le siège. Vous en avez de faites; et, si M. Murray en apercevoit le transport en différents endroits autour de la ville, je pense que cela l'inquièteroit.

Je vais faire préparer un hangar pour renfermer les prisonniers qui nous viennent; car il y auroit plus d'Anglois que de François à Montréal.

J'ai l'honneur de vous souhaiter une parfaite santé; je ne peux que faire des vœux pour sa conservation. Je voudrois pouvoir vous être utile pour vous soulager dans vos détails. Je ne suis bon à rien pour le présent, dont je suis mortifié; mais, si votre entreprise vient à sa perfection, je me rendrai promptement auprès de vous.

BIGOT.

P. S. — J'envoie le présent courrier auprès de vous, parce que vous en manquez.

LXVIII

Montréal, 3 mai 1760.

M. le marquis de Vaudreuil m'a prié de faire passer le sieur Briaut, chirurgien-major, à l'Hôpital-Général, pour y remplir ses fonctions, et il m'a fait faire l'observation qu'il n'y avoit pas un seul chirurgien-major de la colonie pour prendre soin des troupes et des Canadiens. Comme c'est un hôpital de marine, j'ai l'honneur de vous prévenir que le chirurgien-major des troupes de terre, qui est le sieur Arnoux, ne pourra y ordonner pour les pansements, sans l'agrément du sieur Briaut ; et, supposé que ces deux chirurgiens-majors ne fussent pas d'accord, vous serez à même de les y mettre ; et, en ce cas, le sieur Arnoux s'en tiendroit à l'ambulance de notre armée avec quelques sous-chirurgiens pour l'aider, parce qu'il est indispensable que les chirurgiens attachés aux bataillons de terre travaillent à l'Hôpital-Général. Cela s'est pratiqué ainsi l'année dernière à notre armée de Québec.

LXIX

Montréal, 5 mai 1760.

J'ai vu par la lettre que vous avez écrite à Monsieur le général, du 1er mai, combien vous étiez harassé et fatigué ; j'en suis bien touché. Un bon second vous seroit nécessaire. Je crains que vous ne puissiez supporter cette fatigue.

Je m'attendois bien à un feu terrible de la place ; j'ai eu l'honneur de vous le dire souvent. Ils ont une si nombreuse artillerie que cela ne pouvoit être autrement. Le terrain d'ailleurs, sur les hauteurs, n'est que roc ; ce qui vous fera perdre beaucoup de monde par le transport des terres.

J'ai vu par la lettre de M. Landriève, que l'armée n'avoit pas encore eu d'eau-de-vie. J'en ai été surpris.

Nous n'avons point de goélette ici ; je vais me servir de quelques bateaux qui nous restent pour vous faire passer quinze cents chemises pour les malades, des draps et des *couvertes*. Je ne sais le nombre de ces deux derniers articles, parce que j'ignore combien il en rentrera en magasin. Je viens d'ordonner à tous particuliers de la ville d'en apporter, au moins, chacun une paire au magasin, qui lui seroit payée, ainsi que la couverte.

Je ferai aussi ce que je pourrai pour l'hôpital des Trois-Rivières. Je ne m'étois pas attendu à une si grande quantité de blessés. Il vous falloit autant de contretemps que vous en avez eus dans votre marche, pour ne pas arriver à temps pour les couper au Cap-Rouge.

Vous annoncez à Monsieur le général que les Canadiens commencent à déserter. S'ils voient qu'on ne punit pas grièvement les premiers déserteurs, le nombre en augmentera.

M. Landriève me mande que les habitants des environs de Québec viennent sans armes; ils pourront toujours vous servir de pionniers.

Je ne peux, Monsieur, que vous renouveler les vœux que je fais pour votre conservation.

BIGOT.

P. S. — Ne vous donnez point la peine, je vous prie, de m'écrire, hormis que vous n'eussiez besoin en quelque chose de moi. Monsieur le général a la bonté de me faire lire vos lettres, comme vous l'en priez.

LXX

Montréal, 9 mai 1760.

Nous sommes tous bien convaincus de votre impatience sur la perfection des batteries. On ne peut faire qu'en faisant; et ce n'est pas la faute de l'armée, si le terrain est si ingrat; nous sommes enchantés de sa bonne volonté. Nous voyons bien clairement que vous auriez bien eu le temps de secourir Québec, l'année dernière, avant que l'ennemi eût pu se retrancher par derrière, et former ses batteries et prolonger sa tranchée.

Vous n'avez à craindre, à ce qu'il paroît, que l'arrivée du secours anglois; c'est tout ce que j'appréhende. Il vente nord-est depuis trois jours; et, s'il continue, comme il y a apparence, nous avons tout à craindre. Il est fâcheux que Grand-Rivière n'ait pu se rendre tout de suite à la goélette angloise qui est en vigie au Bic.

Je ne pourrai faire partir que lundi la dernière galère,

qu'on mettra à l'eau dimanche matin. Quoique j'aie fait mettre tous les ouvriers, aussitôt votre départ, sur une seule pour en avoir du moins une, elle n'a pu être finie plus tôt. Aussi est-elle faite à pendre dans une église. Je ne la demandois pas si parfaite ; mais un chef de construction ne peut faire travailler autrement. Je ferai continuer la seconde.

J'ai fait préparer ici des chambres chez les Récollets pour les officiers anglois, et une maison que j'ai fait griller pour les soldats. J'ai mis le colonel Young en bonne maison où il mangera. Monsieur le général a marqué à M. de Longueuil de les faire monter ici.

Je vous souhaite une meilleure santé ; on m'a marqué que la vôtre n'étoit pas bonne. Ménagez-la tant que vous pourrez ; car ce seroit le comble des malheurs si vous tombiez malade.

BIGOT.

P. S.—Je compte bien que si les secours anglois vous donnent le temps de prendre Québec, vous logerez à l'intendance. Vous la trouverez meublée avec un lit garni. Je porterai, dans ce cas, un petit lit avec moi, que je mettrai dans une petite chambre de derrière ; vous occuperiez la grande. Je souhaite fort pouvoir être à même de faire ce voyage.

LXXI

Montréal, 13 mai 1760.

J'ai reçu la lettre dont vous m'avez honoré le 8, et j'ai lu celle que vous avez écrite à M. le marquis de Vaudreuil le 10. Je suis bien sensible à votre attention de le prier de m'en faire part.

Je suis convaincu que Briaut laissera liberté entière à chaque blessé de se servir du chirurgien qu'il voudra, et ainsi il n'y aura point de différend entre eux. M. Landriève m'avoit fait part des ordres que vous aviez donnés pour que les colons fussent traités comme les troupes de terre.

M. le marquis de Vaudreuil vous marque ce qu'il pense de Cugnet. Si vous aviez des certitudes ou preuves des avis qu'il peut avoir donnés sur notre compte, ou des conseils qu'il peut avoir donnés contre le pays, il ne dépendra que de vous, après lui avoir fait donner un confesseur, de l'envoyer dans l'autre monde. Si au contraire vous ne voyez rien de certain, ce sera des informations que je me chargerai de faire, lorsque nous serons plus tranquilles. Il faudroit, en ce dernier cas, le garder toujours à bord d'une frégate, aux fers. Je compte que telle est l'intention de M. le marquis de Vaudreuil.

Voici, Monsieur, la semaine critique pour votre opération et pour le salut du Canada. Je crains beaucoup, et cela n'est pas d'aujourd'hui, sur votre foible artillerie et sur le prochain secours des Anglois, s'il n'est pas déjà arrivé. La frégate arrivée doit être, suivant les manœuvres de marine, le courrier de l'escadre angloise qui doit sortir d'Halifax.

Vous faites tout ce vous pouvez et plus que vous pouvez. Vous ne vous laissez point ébranler dans votre entreprise ; vous y persévérez avec ardeur, malgré les mauvais discours ; nous les savons ici. Si, après tout cela, vous ne réussissez pas, nous ne pouvons nous en prendre qu'à la Providence qui nous est contraire. Si nous l'eussions eue pour nous, il n'auroit pas venté continuellement nord-est au bas de la rivière, comme Legris l'écrit le 8 de ce mois.

Je vous souhaite une parfaite santé, vous en avez grand besoin pour résister aux peines que vous prenez.

BIGOT.

P. S. — Vous aurez des nouvelles de M. de Bougainville par le courrier ; ainsi je n'aurai pas l'honneur de vous en parler. Je vais lui faire passer tout ce que je pourrai. Je ne vous ferai point passer de fascines.

LXXII

Montréal, 15 mai 1760.

Vous verrez par les nouvelles que M. le marquis de Vaudreuil vous envoie, provenant des prisonniers que M. de Langy a faits, qu'il y auroit quelque apparence de paix ou d'accommodement entre les deux cours pour que chacun restât tranquille de son coté jusqu'à la paix. Et on pourroit en effet le conjecturer ainsi, si, suivant ces dépositions, M. Amherst attend les ordres de sa cour pour entrer en campagne.

J'aurois été d'avis de cacher cette nouvelle à votre armée jusqu'à la définition de votre siège, parce que je crains qu'on ne dise : A quoi bon faire ce siège, puisque nous devons avoir la paix ? Et, en conséquence, j'avois dit à Monsieur le général, qu'il conviendroit que le courrier ne portât que vos lettres, mais il pense que cette nouvelle ne fera aucune impression, et que cette précaution est par conséquent inutile. J'ai cependant ordonné au courrier de ne point remettre de lettres qu'après que vous lui aurez dit de le faire, et cela devroit toujours être comme cela.

J'ai envoyé chercher les poudres à Lachine ; aujourd'hui et demain elles seront mises sur une petite goélette qui est ici. Nous avons besoin que la Providence nous soit un peu favorable. M. de Rigaud fait lire à tout le monde une lettre arrivée ici aujourd'hui de M. de Bourlamaque, qui dit que nous prendrons sûrement Québec si l'escadre angloise ne trouble pas les assiégeants. J'en accepte l'augure. Je crains néanmoins bien des accidents qui peuvent arriver et que M. de Bourlamaque connoît mieux que moi ; il l'a, je pense, écrite exprès.

J'ai l'honneur de vous souhaiter une parfaite santé.

LXXIII

Montréal, 16 mai 1760.

M. le marquis de Vaudreuil a eu la bonté de me faire lire la lettre que vous lui avez fait l'honneur de lui écrire le 13. Je suis bien touché de votre situation par rapport à l'artillerie et à la poudre. Il faut qu'outre le petit nombre de canons que nous avons, la quantité n'en vaille rien; cela est bien malheureux.

M. de Vaudreuil a été surpris de ce que M. de Pontleroy ait placé ses batteries à deux cents toises, n'ignorant pas le peu d'artillerie et de munitions que nous avions. Il n'est pas possible que le canon de 12, qui est celui que nous avons le plus, puisse battre en brèche d'aussi loin, et même celui de 18, hormis d'avoir du temps à soi et des munitions en quantité. M. de Vaudreuil les comptoit placées à soixante-quinze toises. Il craint qu'il ne vous ait engagé à les placer aussi loin pour faire voir que le mémoire qu'il vous a présenté, suivant le rapport de M. de Fournerie, étoit fondé. Ce dernier nous dit en bonne compagnie (M. Savournin y étoit), que cet ingénieur avoit déclaré que ce siège ne pouvoit réussir avec l'artillerie et les munitions que nous avions, que d'ailleurs on ne pouvoit ouvrir la tranchée devant Québec, que tout étoit roc, et qu'il avoit fait des mémoires là-dessus.

Le parti que vous prenez de traîner en longueur, pour voir si nous ne pourrions pas recevoir du secours pour parachever l'ouvrage, est le plus honorable; mais nos vivres vont s'en aller grand train, et il est à craindre que nous nous trouvions embarrassés par la suite, lorsqu'il faudra lever le siège, pour faire vivre nos garnisons des forts et faire subsister les troupes chez les habitants ; car je ne compte pas, si dans quatre ou cinq jours au plus tard nous n'avons pas de navires de France, que nous n'en recevions qu'avec la paix. Si vous ne pouvez réussir, je souhaiterois qu'il arrivât une escadre angloise pour avoir un beau prétexte de lever le siège. Sans cela, c'est apprendre à l'ennemi que vous n'avez plus rien et lui faire connoître notre état.

Je crois que M. de Vaudreuil doit vous proposer de faire faire une batterie plus près, si cela est possible, avec du canon de 12 pour battre en brèche. Les canons de fonte des Trois-Rivières sont désencloués, et M. Tonancour, qui a servi d'artilleur, a fait sortir, au moyen de la poudre introduite par le bassinet, les boulets qu'on y avoit fait entrer à force.

La goélette du sieur Cadet qui est chargée de farine ne peut encore être rendue chez vous. Vous serez à même de la faire tenir sur les derrières et de ne la faire vider qu'au besoin.

Les ennemis chargent leurs frégates, comptant que vous avez assez d'artillerie et de munitions pour les prendre. Ce sont peut-être des vivres qu'ils chargent, pour que vous n'en trouviez pas tant, ou leurs effets particuliers pillés aux François.

Je vous avouerai que je compte à présent sur la paix. Il n'en seroit pas moins glorieux, et très glorieux, pour vous et pour la colonie d'avoir pris Québec. Je suis bien convaincu que vous tenterez l'impossible ; mais on ne peut le faire. Si vos batteries eussent pu être mises d'abord plus près, cela vous auroit peut-être épargné de la poudre par une moindre charge et par moins de coups qu'il auroit fallu. Je parle peut-être de tout ceci comme un aveugle des couleurs ; pardonnez-le-moi, c'est mon zèle qui m'y engage.

Vous avez besoin plus que jamais de santé, car je crois que tout ceci vous inquiète et afflige beaucoup ; personne n'y prendra plus de part que moi.

LXXIV

Montréal, 17 mai 1760.

Je viens de recevoir la lettre que vous m'avez fait l'honneur de m'écrire le 15. Vous aurez vu par mes précédentes combien j'entrois dans vos peines ; il faut néanmoins bien céder à l'impossible. Je vois que vous prenez le parti de tirer en longueur le siège. Je crains fort que vous soyez obligé de le lever sans avoir reçu les secours que le munitionnaire attend ; ils tardent tant, qu'il est à croire que le ministre ne les aura pas laissés partir, par des raisons d'état et de paix. Comme je n'attends que ces secours, n'y ayant pas d'apparence que la cour envoie ici d'escadre, je doute qu'ils puissent vous suffire pour achever votre besogne. Ces deux navires (car il ne doit pas en venir un plus grand nombre), n'auront que du canon de 12 à vous donner et quinze à vingt milliers de poudre au plus ; ce sera une petite ressource, parce que vous aurez consommé pour lors la plus grande partie de vos munitions. Peut-être que quelque autre secours inopiné vous arrivera et vous tirera d'affaire en vous faisant réussir. Le munitionnaire est bien surpris de ne pas voir arriver Canon; je ne le suis point; cela est signe de paix. La semaine prochaine confirmera mon idée, si nous n'en avons pas de nouvelles.

J'ai fait partir des farines pour votre armée jusqu'au 15 juin; il y en aura encore ici pour l'Ile-aux-Noix et le fort Lévis, à les laisser avec la garnison qu'ils ont, pour aller jusqu'à moitié juillet ou environ *(sic)*; et, si les blessés de l'hôpital de Québec sont reversés dans ceux de Montréal et des Trois-Rivières, ils feront une furieuse brèche à ces farines.

J'ai déjà pourvu à faire lever du blé à la côte du Sud et à la rivière Chambly; ce sont les lieux où nous pouvons en trouver encore un peu, et à l'Assomption, au nord. Il ne faut pas penser aux autres paroisses; je connois leur état et je ne leur demanderai que de nourrir les soldats qu'on leur enverra, de sorte que la levée à laquelle on travaille servira pour Jacques-Cartier, l'Ile-aux-Noix et le fort Lévis. Elle ne nous mènera pas loin, s'il y a du mouvement dans ces forts.

Vous comptez, sans doute, renvoyer, lors de la levée du siège, les troupes dans les campagnes où elles étoient; cela ne peut être autrement. Je travaille, pour moi, pour l'article des vivres, comme si nous ne devions en recevoir qu'à la paix; j'écris là-dessus au munitionnaire.

Mme Péan a d'abord été bien sensible à la blessure de Monsieur son frère; mais, quand elle a été persuadée qu'elle n'étoit que légère, elle s'est consolée, le voyant par là à l'abri de nouveaux accidents. Elle vous remercie bien de la part que vous daignez y prendre.

Je ne peux, Monsieur, que renouveler les vœux que je fais pour votre conservation, et vous assurer que personne ne prend plus de part que moi à vos inquiétudes et aux peines que vous prenez et au chagrin que vous avez de ne pas voir réussir votre opération comme vous le souhaiteriez; j'en suis, je vous assure, des plus affligés.

LXXV

Montréal, 19 mai 1760.

Vous jugez bien à ce que je me flatte de toute ma sensibilité au désastre de notre marine; c'est ce qui nous fait le plus de tort, par le libre passage que les frégates angloises pourront avoir; outre que leur perte nous occasionne celle de vos munitions et des vivres. Ce sont des événements que vous ne pouviez prévenir et dont vous ne devez être mortifié qu'en qualité de bon citoyen. La levée du siège n'est point un événement inattendu comme celui-là; la couleur du pavillon devoit en décider; et tout le monde le comptoit ainsi. Il ne s'agit plus, comme vous l'observez à M. le marquis de Vaudreuil, que d'attendre la paix. Je compterai dessus, jusqu'à ce que je voie une flotte de navires marchands qui puisse fournir à l'évacuation des troupes, dans le cas qu'ils s'emparassent du Canada.

J'attendrai que MM. Landriève et Cadet m'envoient leur situation pour les vivres, pour juger de la nôtre à cet égard et de ce que nous pourrons faire en conséquence. Je pense que vous devez être dans un grand chaos et embarras. J'ai dit à Mme Péan ce que vous marquiez à M. le marquis de Vaudreuil sur Meloises. Elle vous fait mille compliments et remerciements de vos attentions.

LXXVI

Montréal, 24 mai 1760.

M. le marquis de Vaudreuil m'a fait part de la lettre que vous lui avez écrite du 21. Je vois que le nombre des bateaux aura bien diminué, tant par les coups de vent que par la perte que ceux qui en étoient chargés en ont faite ; cela est fâcheux. Il ne nous reste que quelques charpentiers occupés à finir le second brigantin. Je compte qu'il se rendra dans le cours de la semaine prochaine à Deschambault, et je ferai faire sur-le-champ des bateaux ; mais le nombre ne pourra en être considérable, faute d'ouvriers ; la plus grande partie sont à l'Ile-aux-Noix ou Saint-Jean.

Vous devez, Monsieur, avoir grand besoin de repos. Il faut que vous ayez une santé des plus parfaites pour avoir pu y tenir.

Votre armée doit avoir bien souffert de la faim, outre la fatigue. Elle n'a point de viande; les garnisons en auront un quarteron, à ce que le munitionnaire me marque; il s'agit néanmoins de prolonger notre subsistance jusqu'à la nouvelle récolte; et cela ne pourra se faire qu'autant que nous n'aurons pas de fortes garnisons. Il n'y a plus de secours à attendre de la part de la France; il faut prendre son parti là-dessus. J'agis en conséquence pour faire ramasser du blé. Ce qu'il y a de sûr, c'est que vous êtes dans le dessein de défendre le pays pied à pied, et moi de vous faire fournir de quoi vivre; et nous vivrons, quelque chose qu'il arrive.

J'espère que vous êtes au moment de revenir. Ce sera avec un grand plaisir que je vous renouvellerai les assurances du plus respectueux attachement avec lequel j'ai l'honneur d'être, etc.

LXXVII

A bord de la *Fanny*, le 28 septembre 1760,
à la rade de Batiscan.

Nous sommes mouillés ici depuis lundi, et il n'y a pas apparence que les vents qui nous retiennent veuillent changer. Ce retardement est fâcheux par rapport aux troupes qui sont les unes sur les autres dans certains transports. J'ai été bien surpris que le général anglois ait réduit la ration que nous recevons, tant troupes que matelots et officiers, à dix-huit onces, qui consistent en neuf onces de biscuit et autant de lard. Le capitaine du bâtiment où je suis, à qui je me suis plaint de la modicité de cette ration, m'a fait voir l'ordre qu'il en avoit reçu et auquel il se conforme. Plusieurs officiers de terre que j'ai vus, m'ont dit que cette ration étoit de même chez eux, et que leurs soldats s'en plaignoient amèrement et que M. de Roquemaure devoit vous en écrire. Il y a même des jours de la semaine où, au lieu de lard, on donne un peu de pois. Il est sûr que nos matelots, et même les soldats, ne peuvent se soutenir avec une aussi modique ration ; je ne vois pas la raison que le général anglois pourra alléguer pour la justifier, puisqu'il est dit par la capitulation que la ration sera la même que celle que Sa Majesté Britannique donne à ses équipages ; et cette dernière est d'une livre de biscuit par jour, deux livres de bœuf ou une livre de lard, sans compter la bière et autres douceurs.

Il est aussi de plus extraordinaire que le général anglois ait fait donner aux officiers françois une aussi petite ration, qui est moitié de celle des équipages sur les vaisseaux de Sa Majesté Britannique.

Si j'étois à portée d'en parler à Monsieur l'amiral, je le ferois. Vous êtes, Monsieur, sur les lieux, et je suis persuadé que les représentations que vous lui ferez à ce sujet seront écoutées.

Si Sa Majesté Britannique ne fait point de différence

pour la ration de l'officier avec celle du matelot sur les vaisseaux, il est juste que nous nous en contentions; mais il ne le seroit pas que nous n'en eussions que la moitié.

Mme Péan qui s'ennuie beaucoup, comme vous le pouvez penser, me charge de vous faire mille compliments de sa part. Elle est incommodée de la mer, mais pas tant que moi qui le suis continuellement.

TABLE DES MATIÈRES

Lettres de l'intendant Bigot au chevalier de Lévis

FIN DE LA TABLE DES MATIÈRES

COLLECTION DES MANUSCRITS

DU

MARÉCHAL DE LÉVIS

Volumes déjà publiés :

1° Journal du chevalier de Lévis.

2° Lettres du chevalier de Lévis.

3° Lettres de la cour de Versailles.

4° Pièces militaires.

5° Lettres de M. de Bourlamaque.

6° Lettres du marquis de Montcalm.

7° Journal du marquis de Montcalm.

8° Lettres du marquis de Vaudreuil.